L&PMPOCKET**ENCYCLOPAEDIA**

DINOSSAUROS

Uma breve introdução

SÉRIE **L&PM**POCKET**ENCYCLOPAEDIA**

Alexandre, o Grande Pierre Briant
Anjos David Albert Jones
Ateísmo Julian Baggini
Bíblia John Riches
Budismo Claude B. Levenson
Cabala Roland Goetschel
Câncer Nicholas James
Capitalismo Claude Jessua
Cérebro Michael O'Shea
China moderna Rana Mitter
Cleópatra Christian-Georges Schwentzel
A crise de 1929 Bernard Gazier
Cruzadas Cécile Morrisson
Dinossauros David Norman
Drogas Leslie Iversen
Economia. 100 palavras-chave Jean-Paul Betbèze
Egito Antigo Sophie Desplancques
Escrita Andrew Robinson
Escrita chinesa Viviane Alleton
Evolução Brian e Deborah Charlesworth
Existencialismo Jacques Colette
Filosofia pré-socrática Catherine Osborne
Geração Beat Claudio Willer
Guerra Civil Espanhola Helen Graham
Guerra da Secessão Farid Ameur
Guerra Fria Robert McMahon
História da medicina William Bynum
História da vida Michael J. Benton
História econômica global Robert C. Allen

Império Romano Patrick Le Roux
Impressionismo Dominique Lobstein
Inovação Mark Dodgson e David Gann
Islã Paul Balta
Japão moderno Christopher Goto-Jones
Jesus Charles Perrot
John M. Keynes Bernard Gazier
Jung Anthony Stevens
Kant Roger Scruton
Lincoln Allen C. Guelzo
Maquiavel Quentin Skinner
Marxismo Henri Lefebvre
Memória Jonathan K. Foster
Mitologia grega Pierre Grimal
Nietzsche Jean Granier
Paris: uma história Yvan Combeau
Platão Julia Annas
Pré-história Chris Gosden
Primeira Guerra Mundial Michael Howard
Reforma Protestante Peter Marshall
Relatividade Russell Stannard
Revolução Francesa Frédéric Bluche, Stéphane Rials e Jean Tulard
Revolução Russa S. A. Smith
Rousseau Robert Wokler
Santos Dumont Alcy Cheuiche
Sigmund Freud Edson Sousa e Paulo Endo
Sócrates Cristopher Taylor
Teoria quântica John Polkinghorne
Tragédias gregas Pascal Thiercy
Vinho Jean-François Gautier

David Norman

DINOSSAUROS
Uma breve introdução

Tradução de OTAVIO ALBUQUERQUE

www.lpm.com.br

L&PM POCKET

Coleção **L&PM** POCKET, vol. 938

Texto de acordo com a nova ortografia.

Título original: *Dinosaurs*

Primeira edição na Coleção **L&PM** POCKET: março de 2011
Esta reimpressão: fevereiro de 2019

Tradução: Otavio Albuquerque
Capa: Ivan Pinheiro Machado. *Ilustração*: © para827/iStock
Preparação: Tiago Martins
Revisão: Guilherme Braga

CIP-Brasil. Catalogação na Fonte
Sindicato Nacional dos Editores de Livros, RJ

N764d

Norman, David
  Dinossauros / David Norman; tradução de Otavio Albuquerque. – Porto Alegre, RS : L&PM, 2019.
  192p. : il.   (Coleção L&PM POCKET; v. 938)

  Tradução de: *Dinosaurs*
  Inclui índice
  ISBN 978-85-254-2165-4

  1. Dinossauro. 2. Paleontologia. 3. Arqueologia. I. Título. II. Série.

11-0811.   CDD: 567.9
                                      CDU: 568.19

© David Norman, 2005
**Dinossauros foi originalmente publicado em inglês em 2005.
Esta tradução é publicada conforme acordo com a Oxford University Press.**

Todos os direitos desta edição reservados a L&PM Editores
Rua Comendador Coruja, 314, loja 9 – Floresta – 90.220-180
Porto Alegre – RS – Brasil / Fone: 51.3225-5777

PEDIDOS & DEPTO. COMERCIAL: vendas@lpm.com.br
FALE CONOSCO: info@lpm.com.br
www.lpm.com.br

Impresso no Brasil
Verão de 2019

SUMÁRIO

Introdução: Dinossauros: fatos e ficção 9

Capítulo 1: Os dinossauros em perspectiva 17
    Por que fósseis de dinossauros são raros...................21
    À procura de dinossauros..25
    Descoberta pré-histórica: o *Iguanodon* 26
    A "invenção" dos dinossauros....................................31
    A reconstrução do *Iguanodon* 38
    O declínio dos dinossauros na paleontologia............46
    A paleobiologia dos dinossauros: um novo começo ...49

Capítulo 2: A renascença dos dinossauros 51
    A descoberta do "garra terrível"................................51
    Características do *Deinonychus* 53
    Deduzindo a biologia e a história
        natural do *Deinonychus* 53
    A concepção tradicional sobre os dinossauros 55
    Ostrom e o *Archaeopteryx*: a primeira
        ave da história..60

Capítulo 3: Uma nova concepção para o *Iguanodon* 63
    Bernissart: um cemitério na ravina?............................63
    Uma análise da cauda..69
    Mãos ou pés?..70
    Tamanho e sexo...75
    Tecidos moles...77
    Extant Phylogenetic Bracket (EPB) 81
    O *Iguanodon* e sua adaptação alimentar 83
    O cérebro do *Iguanodon*..84
    Como o *Iguanodon* mastigava a comida 87

Capítulo 4: Desvendando a genealogia dos dinossauros ...93
    O caso do *Baryonyx*..95
    Uma breve história evolutiva dos dinossauros............98

Dinossauros saurísquios 99
Dinossauros ornitísquios..101
Sistemática dos dinossauros e
    biogeografia pré-histórica....................................105
A evolução dos ornitópodes 110
Dinossauros: uma perspectiva global......................112

CAPÍTULO 5: DINOSSAUROS E SANGUE QUENTE.....................114
Dinossauros: Sangue quente, frio ou morno?..........114
Novas abordagens: evidências
    climáticas nos fósseis?...115
Padrões nos registros fósseis....................................116
Pernas, cabeças, corações e pulmões 118
A "sofisticação" dos dinossauros e o
    tamanho de seus cérebros...................................121
Distribuições latitudinais..123
Considerações ecológicas...124
Histologia óssea..125
Uma visão geral sobre a fisiologia dos dinossauros..126
Teriam os dinossauros uma fisiologia única?............129

CAPÍTULO 6: E SE... AS AVES FOREM DINOSSAUROS? 131
Terópodes dromeossaurídeos 131
Archaeopteryx 133
Maravilhas chinesas 133
Aves, terópodes e a questão da fisiologia
    dos dinossauros...135
Dinossauros e aves: um comentário evolutivo..........137
Os problemas de sempre 138

CAPÍTULO 7: PESQUISAS PALEONTOLÓGICAS:
OBSERVAÇÃO E DEDUÇÃO 141
Icnologia 141
Coprólitos...146
Patologias entre os dinossauros................................147
Isótopos 151
Pesquisas paleontológicas: a revolução digital 153
Investigando as cristas dos hadrossaurídeos 154

Tecidos moles: corações de pedra? 156
Falsos "ornitossauros": a paleobiologia forense 157
A mecânica dos dinossauros:
    como o *Allosaurus* se alimentava 161
Tecidos e biomoléculas pré-históricos 165

CAPÍTULO 8: O FUTURO DA PESQUISA SOBRE O PASSADO 169
Evento K-T: o fim dos dinossauros? 169
Contradições..173
Estudos pré-históricos hoje e no futuro próximo 174
E por fim...175

LEITURAS COMPLEMENTARES...176

ÍNDICE REMISSIVO...177

LISTA DE ILUSTRAÇÕES 184

SOBRE O AUTOR 188

Introdução

Dinossauros: fatos e ficção

Os dinossauros "nasceram" oficialmente em 1842 por meio de um brilhante e intuitivo trabalho de investigação realizado pelo anatomista britânico Richard Owen (Figura 1), que concentrou seus estudos na natureza singular de alguns fósseis de répteis britânicos extintos.

Na época, Owen estava trabalhando com uma quantidade muito pequena de ossos e dentes fossilizados que haviam sido encontrados em diversos pontos das ilhas britânicas. Embora o surgimento dos dinossauros tenha sido relativamente modesto (aparecendo a princípio como uma conclusão de última hora no relatório da 11ª Conferência da Associação Britânica para o Avanço da Ciência), essas criaturas logo atrairiam a atenção do mundo todo. E o motivo disso era simples. Owen trabalhava em Londres, no Museu da Faculdade Real dos Cirurgiões, em uma época em que provavelmente o império britânico estava no ápice. Em comemoração a essa grande conquista e influência global, foi organizada a Grande Exposição de 1851. Para abrigar o evento, um enorme centro de exposições temporário (o "Palácio de Cristal", de aço e vidro, projetado por Joseph Paxton) foi construído no Hyde Park, no centro de Londres.

Em vez de ser demolido no final de 1851, o lindo centro de exposições foi transferido para um local permanente em Sydenham, um subúrbio de Londres, que depois viria a se tornar o Parque do Palácio de Cristal. A área em volta do prédio principal foi preparada e decorada de acordo com vários temas, sendo que um deles retratava os avanços da geologia e da história natural, mostrando como essas disciplinas auxiliaram a ciência a desvendar a história da Terra. Esse parque temático geológico, provavelmente um dos primeiros do tipo, tinha reconstruções de elementos geológicos genuínos (como cavernas, placas de mármore, estratos geo-

1. Professor Richard Owen (1804-1892).

lógicos), além de representações dos seres que habitaram o mundo antigo. Trabalhando em conjunto com o escultor e empresário Benjamin Waterhouse Hawkins, Owen povoou o parque com gigantescos modelos de concreto com armação de ferro (Figura 2) na forma de dinossauros e outras criaturas pré-históricas conhecidas na época. A divulgação prévia feita para a reabertura oficial da "Grande Exposição" em 1854 contou com um jantar comemorativo na véspera de ano novo de 1853, realizado dentro da barriga de um modelo ainda em construção de um *Iguanodon*, garantindo uma dose considerável de publicidade para os dinossauros de Owen.

Por serem criaturas extintas de mundos primitivos até então desconhecidos, assim como uma encarnação literal dos dragões descritos nas lendas, os dinossauros logo cativaram toda a sociedade, chegando até a figurar nas obras de Charles Dickens, que conhecia Richard Owen pessoalmente. Depois desse surgimento tão marcante, o interesse público pelos dinossauros só fez crescer. Muito se especula sobre o que teria mantido esse tema em evidência há tanto tempo, e a explicação pode estar ligada à importância da narrativa como uma forma de estimular a imaginação e as habilidades criativas das pessoas. Não me parece ser nenhuma coincidência que o período mais importante para o crescimento intelectual e o desenvolvimento cultural de um ser humano, entre os três e os dez anos de idade, seja muitas vezes a época de maior interesse pelos dinossauros – como os meus próprios pais poderiam confirmar. A empolgação sentida pelas crianças ao verem pela primeira vez um esqueleto de dinossauro é fantástica. Como bem disse o falecido Stephen Jay Gould – provavelmente um dos maiores responsáveis pela popularização da história natural como ciência –, os dinossauros nos cativam porque são animais "grandes, assustadores e [para a nossa sorte] mortos", e é verdade que seus enormes esqueletos causam um forte impacto no universo criativo dos mais jovens.

Uma importante evidência que sustenta essa suposta relação entre o forte apelo dos dinossauros e a psique humana pode ser encontrada na mitologia e no folclore. A historiadora Adrienne Mayor demonstrou que os gregos já tinham entrado em contato com culturas nômades na Ásia central desde o século VII a.C. Relatos escritos dessa época incluíam descrições de grifos: uma criatura que teria o costume de acumular e proteger grandes quantidades de ouro, com o tamanho de um lobo, um bico, quatro patas e garras afiadas nos pés. Além disso, obras de arte encontradas no Oriente Médio de pelo menos 3.000 a.C. também mostram criaturas similares a grifos, como as descritas pelos messênios. O mito do grifo surgiu

2. **Acima:** Esboço de um modelo de *Iguanodon* no Palácio de Cristal. **Abaixo:** Fotografia de um modelo de *Megalosaurus* no Parque do Palácio de Cristal.

na Mongólia, no noroeste da China, associado às antigas rotas usadas por caravanas e à mineração de ouro nas montanhas de Tienshan e Altai. Essa parte do mundo (como agora sabemos) é muito rica em fósseis e ficou famosa pela abundância de esqueletos bem-conservados de dinossauros que são ali encontrados com facilidade, uma vez que seus ossos brancos fossilizados despontam claramente entre as frágeis formações avermelhadas de arenito onde estão enterrados. Ainda mais interessante é o fato de que o dinossauro encontrado com maior frequência nessas formações de arenito seja o *Protoceratops*, que tem mais ou menos o tamanho de um lobo, além de um bico proeminente em forma de gancho e quatro patas terminadas em dedos com garras afiadas. Os crânios dessa espécie também apresentam formações ósseas voltadas para cima, o que poderia facilmente ser interpretado como as asas que muitas vezes são vistas nos grifos (compare as ilustrações na Figura 3). Os grifos vêm aparecendo de forma bastante consistente em relatos e imagens há mais de um milênio, mas desde o século III eles passaram a ser definidos cada vez mais por traços alegóricos. Com base nisso, é muito provável que o mito dos grifos tenha surgido quando viajantes nômades da Mongólia se depararam com esqueletos fossilizados, uma vez que essas ossadas reais apresentam uma notável similaridade com a exótica criatura da mitologia.

Através das frias lentes da objetividade, podemos ver que a difusão cultural dos dinossauros é algo extraordinário. Afinal, nenhuma pessoa jamais viu qualquer dinossauro vivo (ao contrário das absurdas alegações de alguns teóricos criacionistas). Os primeiros membros da nossa espécie surgiram há mais ou menos 500 mil anos. Em contrapartida, os últimos dinossauros vivos vagaram pela Terra há cerca de 65 milhões de anos e é provável que tenham sido extintos, junto com várias outras criaturas, por um cataclismo que varreu o planeta após a queda de um meteoro (como veremos no Capítulo 8). Assim sendo, os dinossauros, que formaram um grupo com uma espantosa variedade de espécies, habitaram a Terra mais de 160 milhões de anos *antes* de passarem por uma repentina extinção. Em perspectiva, isso sem dúvida alguma coloca a existência dos seres humanos e o nosso atual domínio sobre esse frágil planeta (levando em conta especialmente os debates sobre a utilização de recursos naturais, poluição e aquecimento global) em uma posição bastante modesta.

3. O grifo da mitologia tem todos os atributos anatômicos característicos do *Protoceratops*, cujo esqueleto pode ter sido encontrado na Mongólia por viajantes da Rota da Seda.

O simples fato de sabermos sobre a existência dos dinossauros e do mundo tão diferente no qual eles viveram é hoje uma prova do extraordinário poder explicativo da ciência. Essa capacidade de questionar, analisar a natureza e todos os seus produtos e insistir em uma simples pergunta – por quê? – é uma das características essenciais do ser humano. Não é nem um pouco surpreendente ver que o desenvolvimento de rigorosos métodos para se determinar as respostas de perguntas tão genéricas seja o alicerce de todas as ciências.

O interesse das pessoas pelos dinossauros é inegável. A simples existência desses animais é o suficiente para incitar a curiosidade, e isso pode ser usado em alguns casos como uma forma para que o público passe a conhecer melhor as maravilhas das descobertas científicas, assim como a aplicação e o uso da ciência de maneira mais geral. Da mesma forma que o fascínio pelo canto dos pássaros pode, por um lado, levar a um interesse pelas leis da física envolvidas na transmissão dos sons, na ecolocalização e até no uso de um radar, esse fascínio pode, por outro lado, levar um interesse por linguística ou por psicologia. Também é possível que o interesse pelos dinossauros abra as portas para uma vasta gama igualmente surpreendente e inesperada de outras disciplinas científicas. Identificar todos esses caminhos para o mundo da ciência é um dos objetivos implícitos deste livro.

A paleontologia é a ciência dedicada ao estudo dos fósseis, ou seja, dos restos de organismos que morreram antes do momento em que a cultura humana começou a ter um claro impacto sobre o planeta, o que aconteceu há mais de 10 mil anos. Esse ramo da ciência representa a nossa tentativa de trazer esses fósseis de volta à vida; não literalmente, como se quiséssemos ressuscitar criaturas mortas (à la *Parque dos dinossauros*), mas com o uso da ciência, para que possamos compreender da melhor maneira possível como eram esses animais e como eles se encaixavam no mundo daquela época. A descoberta do fóssil de um animal traz ao paleontólogo uma série de enigmas, não muito diferentes dos mistérios enfrentados pelo detetive Sherlock Holmes na ficção:

- Que tipo de criatura esse animal era em vida?
- Há quanto tempo ele morreu?

- A morte foi natural ou não?
- Ele morreu onde foi encontrado, foi soterrado por rochas, ou foi trazido de algum outro lugar?
- Trata-se de um macho ou de uma fêmea?
- Como era a aparência dessa criatura em vida?
- Que cor tinha?
- Ele era rápido ou lento?
- O que ele comia?
- Como era seu olfato, sua visão e sua audição?
- Ele teria algum parentesco com alguma criatura atual?

Esses são apenas alguns poucos exemplos das perguntas que podem ser feitas, mas todas elas buscam reconstruir pouco a pouco uma imagem da criatura e do mundo onde ela viveu. Como eu mesmo pude constatar após a estreia da série televisiva *Caminhando com os dinossauros*, muitos ficaram tão intrigados pelo que viram ou ouviram no programa a ponto de perguntar: "Como vocês sabem que os dinossauros andavam assim? Ou se comportavam assim? Ou tinham essa aparência?".

Perguntas feitas com base no senso comum e em observações muito simples são os alicerces deste livro. Cada fóssil descoberto é um evento único e pode ensinar aos mais curiosos alguma coisa sobre a nossa herança como habitantes deste mundo. No entanto, acho importante ressaltar que o foco deste livro é a herança *natural* que nós, seres humanos, compartilhamos com todos os outros organismos do planeta. Segundo as estimativas mais recentes, a história da vida se estende por quase quatro bilhões de anos. Esse livro irá explorar apenas uma pequena fração desse imenso período de tempo: o intervalo entre 225 e 65 milhões de anos atrás, quando os dinossauros dominavam grande parte da vida na Terra.

Capítulo 1

Os dinossauros em perspectiva

Restos fossilizados de dinossauros (com a notável exceção dos pássaros, seus descendentes diretos, conforme será visto Capítulo 6) vêm sendo encontrados em rochas identificadas como pertencentes à Era Mesozoica, que se formaram entre 245 e 65 milhões de anos atrás (abreviado para Ma deste ponto em diante). Para contextualizar o período em que os dinossauros existiram, considerando-se que esses números são muito abstratos, muitas vezes quase inimagináveis, é mais fácil usar como referência a escala do tempo geológico (Figura 4).

Durante todo o século XIX e grande parte do XX, a determinação da idade da Terra e das idades relativas das diferentes rochas que formavam o planeta foi alvo de intensos estudos. No início do século XIX, a ciência começou a reconhecer (embora não fosse consenso) que as rochas da Terra, e os fósseis nelas contidos, poderiam ser divididos em tipos qualitativamente diferentes. Existiam rochas que pareciam não conter nenhum fóssil (muitas vezes chamadas de ígneas, ou de "embasamento"). Encontradas acima dessas rochas aparentemente estéreis, havia uma sequência com quatro tipos de rochas que representavam quatro períodos do planeta. Durante grande parte do século XIX, eles foram chamados de Primário, Secundário, Terciário e Quaternário – identificando de forma bastante literal o primeiro, segundo, terceiro e quarto períodos geológicos da Terra. As rochas contendo restos de criaturas primitivas com carapaças ou similares a peixes eram conhecidas como "primárias" (agora mais comumente chamadas de paleozoicas, que significa "vida primitiva", literalmente). Acima delas, havia uma sequência de rochas que apresentavam uma combinação de conchas, peixes e animais terrestres (ou "rastejantes", que hoje incluiriam os anfíbios e répteis), e recebiam a nomenclatura mais ampla de "secundárias" (hoje conhecidas como

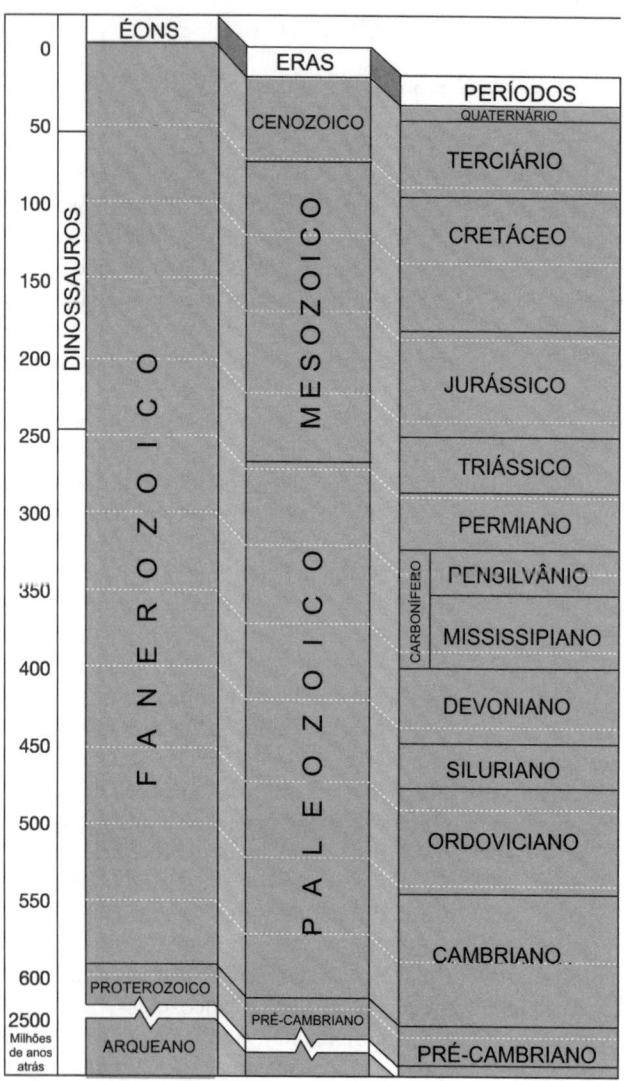

4. A escala do tempo geológico contextualiza o período em que os dinossauros habitaram a Terra.

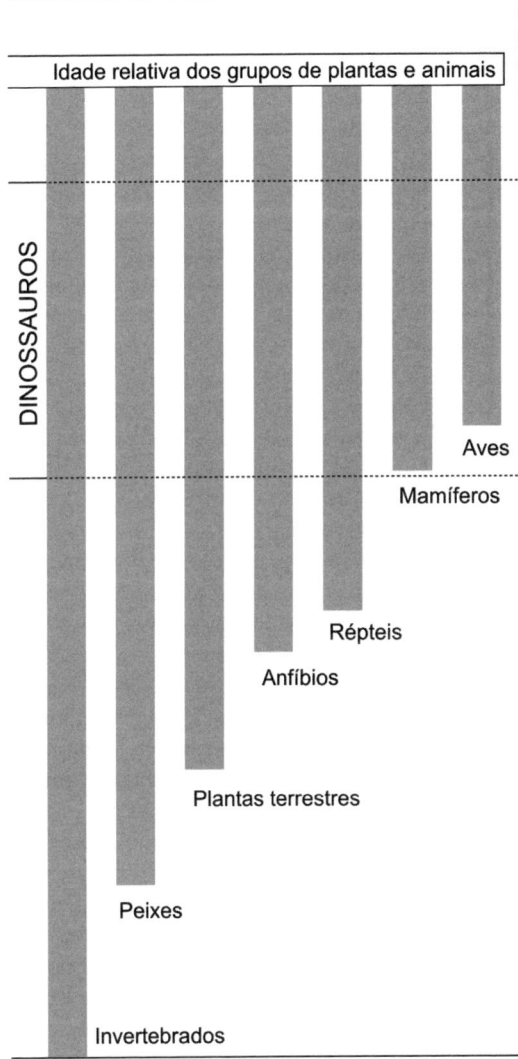

mesozoicas, "vida média"). Acima das mesozoicas, foram encontradas rochas que continham restos de criaturas mais similares às dos dias de hoje, em especial mamíferos e aves, e eram chamadas de "terciárias" (agora também conhecidas como cenozoicas, "vida recente"). Por fim, existiam as rochas "quaternárias" (ou recentes), que mostravam o surgimento de plantas e animais modernos, assim como a influência das grandes eras glaciais.

Essa padronização geral vem resistindo bem ao teste do tempo. Todas as escalas geológicas modernas continuam usando essas subdivisões relativamente simples, mas fundamentais: Paleozoica, Mesozoica, Cenozoica e Recente. No entanto, avanços nas técnicas para a análise dos registros fósseis como, por exemplo, o uso de microscópios de alta resolução, a identificação de assinaturas químicas associadas à vida e uma melhor datação das rochas com o uso de isótopos radioativos, levaram à criação de uma escala de tempo mais precisa para a história da Terra.

A parte dessa escala de tempo que mais nos interessa neste livro é a da Era Mesozoica, que abrange três períodos geológicos: Triássico (245-200 Ma), Jurássico (200-144 Ma) e Cretáceo (144-65 Ma). Vale ressaltar que esses períodos de tempo não têm durações equivalentes. Os geólogos nunca foram capazes de medir com grande precisão a passagem do tempo na Terra. As delimitações desses períodos foram definidas nos últimos dois séculos por geólogos que conseguiram identificar tipos específicos de rochas e, muitas vezes, seu conteúdo fóssil, o que em geral se reflete nos nomes escolhidos para esses períodos. O termo "Triássico", por exemplo, vem de três tipos característicos de rochas (conhecidas como *Lias, Malm* e *Dogger*); "Jurássico" tem sua origem em uma série de rochas encontradas na cordilheira de Jura na França; enquanto o nome "Cretáceo" foi escolhido para simbolizar a grossa camada de greda (conhecido como "kreta" em grego) encontrada nos Penhascos Brancos de Dover e em toda a Eurásia e a América do Norte.

Os primeiros dinossauros conhecidos foram encontrados em rochas de 225 Ma, no final do Triássico (um período chamado Carniano), na Argentina e em Madagascar. Curiosamente, esses restos muitas vezes são exemplos de um único tipo de criatura: o ancestral comum de todos os dinossauros posteriores. Até hoje, pelo menos quatro, talvez cinco criaturas diferentes desse período foram identificadas: três carnívoros *(Eoraptor, Herrerasaurus* e *Staurikosaurus)*, um esqueleto incompleto de um herbívoro chamado *Pisanosaurus* e um onívoro ainda sem nome. Uma conclusão é óbvia: esses não foram os primeiros dinossauros da história. O Carniano foi claramente marcado por uma grande diversidade, o que indica que deveriam existir outros dinossauros no Triássico Médio (Ladiniano – Anisiano) que deram origem à variedade do Carniano. Assim sendo, podemos concluir que a história da origem dos dinossauros, em relação à sua data e local, continua incompleta.

Por que fósseis de dinossauros são raros

É importante que o leitor entenda desde o princípio que os registros fósseis são incompletos e, o que talvez seja até mais preocupante, muito irregulares. O processo de fossilização é o responsável por essas lacunas. Todos os dinossauros eram animais terrestres, o que traz uma série de problemas específicos. Para entender isso, é necessário pensar primeiro no caso de uma criatura marinha com carapaça, como uma ostra, por exemplo. Nas partes mais rasas do mar, onde as ostras vivem hoje, a chance de fossilização é muito alta. Esses animais vivem próximos ou sobre o leito do mar e são submetidos a uma constante "garoa" de pequenas partículas (sedimentos), incluindo organismos planctônicos em decomposição, lodo ou lama, e grãos de areia. Quando uma ostra morre, seus tecidos moles apodrecem ou são consumidos por outros organismos com grande rapidez, e sua carapaça é coberta pelos sedimentos marinhos de forma gradual. Depois de enterrada, essa carapaça pode ser fossilizada ao ficar presa sob uma camada cada vez maior de sedimentos. Ao longo de milhares ou milhões de anos, esses sedimentos sob os quais a carapaça estava enterrada são lentamente

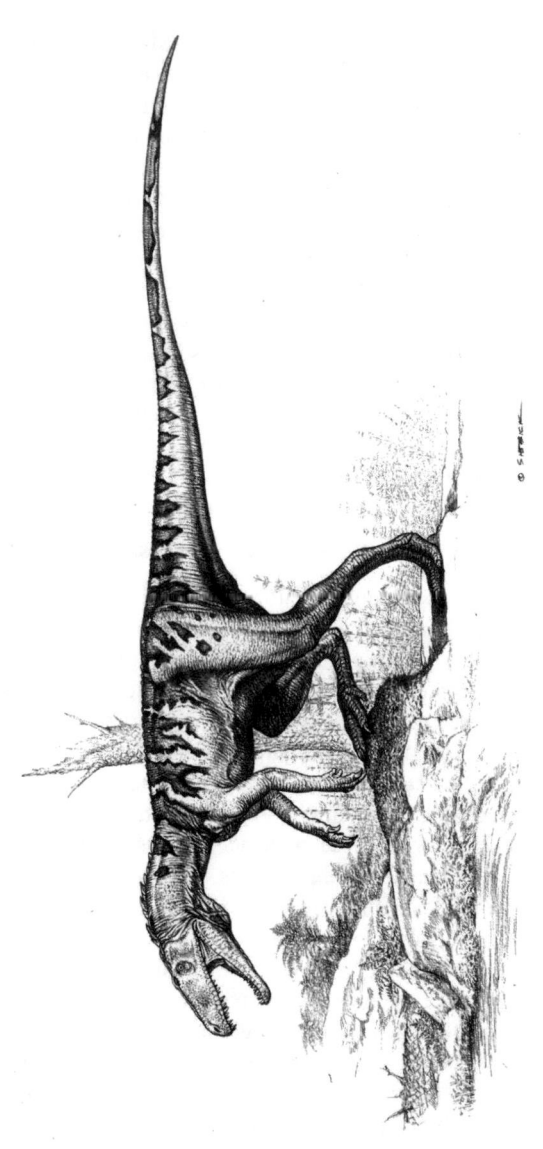

5. O dinossauro carnívoro *Herrerasaurus*.

comprimidos até formarem uma camada lodosa de arenito, que pode então ser cimentada ou petrificada (literalmente se transformando em pedra) por depósitos de carbonato de cálcio (calcita) ou sílica (sílex) que entram junto com a água que é filtrada pelos poros da rocha. Para que os restos fossilizados da ostra sejam encontrados, essa camada profunda de rocha precisaria ser trazida à tona por movimentos terrestres naturais para então secar e passar pelos processos normais de desgaste e erosão.

Por outro lado, criaturas terrestres têm uma chance muito menor de serem fossilizadas. É muito mais provável que os restos de um animal que morre em terra firme sejam consumidos e reciclados. Para que uma criatura terrestre seja preservada como um fóssil seria preciso que ela fosse enterrada de alguma forma. Em raras circunstâncias, alguns animais podem ser enterrados rapidamente por uma tempestade de areia, um deslizamento de lama, cinzas vulcânicas ou alguma outra catástrofe natural. No entanto, na maioria dos casos, os restos de animais terrestres precisam ser levados por alguma corrente de água ou por um rio próximo até serem deixados em um lago ou no leito do mar para que o lento processo de cobertura por sedimentos que leva à fossilização possa começar. Em termos estatísticos simples, o caminho para a fossilização de qualquer criatura terrestre é muito mais longo e cheio de percalços. Muitos dos animais que morrem em terra firme são consumidos, e seus restos ficam tão espalhados que até as partes mais duras acabam sendo recicladas na biosfera; outros têm os esqueletos despedaçados, o que faz com que apenas alguns pedaços sejam fossilizados, deixando enigmáticos fragmentos da criatura para trás; apenas em casos muito raros, partes grandes, ou até esqueletos completos, são preservados por inteiro.

Portanto, a lógica nos leva a concluir que esqueletos de dinossauros (bem como os de qualquer animal terrestre) devem ser extremamente raros, como de fato são, apesar da falsa impressão que a mídia às vezes costuma passar.

A descoberta de dinossauros e a aparência desses animais nos registros fósseis também é um assunto muito controverso por motivos bastante simples. Como acabamos de ver, a preservação dos fósseis é um processo regulado muito mais pelo acaso do que por qualquer outro fator. Assim sendo, a descoberta de fósseis é algo bastante acidental da mesma maneira que formações rochosas nunca são encontradas em camadas perfeitas como as páginas de um livro para serem analisadas em sequência ou da forma mais conveniente para os cientistas.

As camadas relativamente frágeis na superfície da Terra (na crosta, em termos geológicos) foram curvadas, partidas e comprimidas pela atuação de imensas forças geológicas ao longo de dezenas ou centenas de milhões de anos que separaram ou agruparam massas de terra. Como resultado, o estrato geológico onde os fósseis são encontrados também foi despedaçado, revirado e muitas vezes destruído por completo pelo processo de erosão ao longo do tempo e deixado ainda mais confuso por períodos posteriores de sedimentação. O que resta para ser estudado desse processo é um "campo de batalha" extremamente complexo, esburacado, irregular e repleto de espantosas lacunas. A organização de toda essa "bagunça" é um trabalho que vem ocupando incontáveis gerações de geólogos de campo. Inúmeras formações rochosas e segmentos de penhascos vêm sendo estudados para montar pouco a pouco o quebra-cabeça que é a estrutura geológica da Terra. Como resultado, hoje é possível identificar rochas da Era Mesozoica (pertencentes aos períodos Triássico, Jurássico e Cretáceo) com alguma precisão em qualquer país do mundo. No entanto, isso ainda não é o suficiente para facilitar a procura por dinossauros. Também é necessário descartar as rochas mesozoicas encontradas no leito do mar, como as grossas camadas de greda do Cretáceo e as abundantes rochas calcárias do Jurássico. As melhores rochas para se encontrar fósseis de dinossauros são aquelas que ficam em áreas rasas no litoral ou em estuários, onde há uma maior probabilidade de que as bizarras carcaças inchadas de criaturas terrestres tenham sido levadas para o mar. Melhor ainda são os sedimentos de rios e lagos, ambientes fisicamente muito mais próximos aos locais onde essas criaturas viviam.

À procura de dinossauros

Desde o começo, precisamos tratar a procura por dinossauros de forma sistemática. Com base no que aprendemos até agora, é preciso antes avaliar onde as rochas da idade adequada poderão ser encontradas, analisando os mapas geológicos do país em questão. Também é muito importante verificar se essas rochas são de algum tipo capaz de preservar os restos de animais terrestres, o que também exige um pouco de conhecimento geológico para avaliar as chances de se encontrar esses fósseis, especialmente quando uma determinada área é visitada pela primeira vez.

No geral, isso envolve um processo de familiarização com as rochas e seus aspectos na área sendo investigada, da mesma forma que um caçador deve estudar com atenção o terreno onde sua presa vive. Também é necessário aprender a identificar fósseis, uma habilidade que pode ser adquirida com a análise de fragmentos até que você possa reconhecê-los com facilidade, o que leva algum tempo.

A descoberta de um fóssil é sempre marcada por uma descarga de adrenalina, mas é também o momento que exige mais seriedade do pesquisador. Muitas vezes, os fósseis recém-descobertos são arruinados, cientificamente falando, pela pressa do orgulhoso descobridor em escavar o espécime para exibi-lo logo. Essa impaciência pode causar enormes danos ao fóssil ou, o que é até pior, impedir que o pesquisador perceba que o objeto em questão talvez faça parte de um esqueleto maior que poderia ser escavado de forma muito mais proveitosa com os cuidados de uma equipe maior de paleontólogos bem treinados. Além disso, como um detetive poderia pensar, as rochas nas quais os fósseis estão incrustados também podem ter histórias importantes para contar sobre as circunstâncias em que o animal morreu e foi enterrado, além de informações mais óbvias a respeito da própria idade geológica do espécime.

A procura e a descoberta de fósseis podem ser uma aventura empolgante e um processo técnico fascinante. No entanto, o achado inicial é só o começo de um trabalho de investigação científica que pode levar à compreensão da biologia e do modo de vida da criatura fossilizada e do mundo onde ela um dia viveu. Quanto a esses últimos aspectos, a paleontologia tem algumas similaridades com a patologia forense: os profissionais das duas áreas compartilham um grande interesse pelas circunstâncias que envolvem a descoberta de um corpo e usam a ciência para interpretar e entender as mais diversas pistas possíveis em um esforço para, quase literalmente, ouvir o que os mortos têm a dizer.

Descoberta pré-histórica: o *Iguanodon*

Depois de descoberto, o fóssil precisa ser estudado cientificamente para que possamos revelar sua identidade, sua relação com outros organismos vivos e aspectos mais detalhados sobre sua aparência, biologia e ecologia. Para exemplificar alguns dos desafios e atribulações inerentes ao processo de investigação paleontológica, examinaremos um dinossauro muito conhecido e já bem estudado: o *Iguanodon*. Esse dinossauro foi escolhido por ter uma história interessante e adequada aos propósitos deste capítulo, e também por ser uma espécie que conheço muito bem, uma vez que marcou o inesperado início da minha carreira como paleontólogo. O acaso parece ter um papel significativo na paleontologia, como pude comprovar em meu próprio trabalho.

A história do *Iguanodon* é quase tão antiga quanto a da pesquisa científica sobre dinossauros e também a da ciência agora conhecida como paleontologia. Sendo assim, esse animal ilustra muito bem o progresso do estudo sobre os dinossauros (e outras áreas da paleontologia) ao longo dos últimos duzentos anos. Esse exemplo também revela o lado humano dos cientistas, suas paixões e dificuldades, e a vasta influência de diversos vieses ao longo da história desse campo.

Os primeiros registros genuínos de ossos fossilizados do animal que depois viria a ser chamado de *Iguanodon* datam de 1809. Entre outros fragmentos não identificáveis de vértebras, foi encontrada a ponta inferior de uma enorme tíbia (um osso da perna) muito singular, que foi retirada de

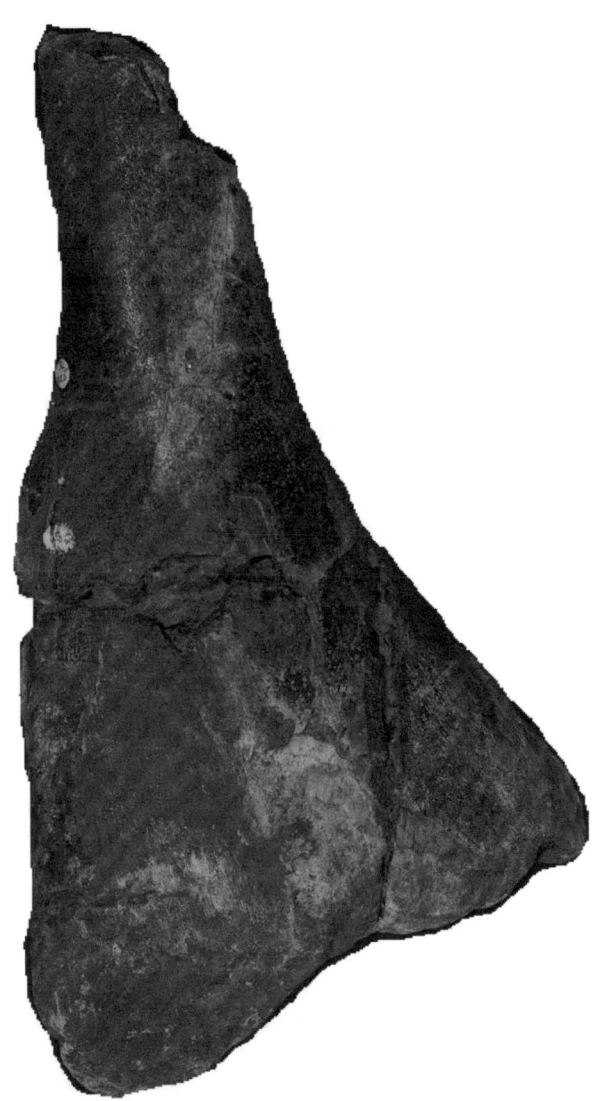

6. O primeiro osso de *Iguanodon* a ser encontrado, por William Smith em Cuckfield, Sussex, em 1809.

uma mina em Cuckfield, Sussex (Figura 6). Esse fóssil em particular foi encontrado por William Smith (muitas vezes chamado de "pai da geologia inglesa"). Na época, Smith estava preparando o primeiro mapa geológico da Grã-Bretanha, concluído em 1815. Embora esses ossos fossem interessantes o bastante para que os coletassem e preservassem (eles ainda fazem parte da coleção do Museu de História Natural de Londres), nenhum estudo posterior foi feito. Esses fósseis continuaram esquecidos até o dia em que fui chamado para identificá-los no final dos anos 70.

Ainda assim, 1809 foi um momento muito oportuno para essa descoberta. Muitas coisas estavam acontecendo na Europa no ramo da ciência que estudava os fósseis e seu significado. Um dos maiores e mais influentes cientistas da época, o "naturalista" Georges Cuvier (1769-1832), trabalhava em Paris e era administrador do império napoleônico. Naqueles tempos, "naturalista" era uma categoria ampla, usada para denominar um filósofo ou cientista que trabalhava com uma vasta gama de assuntos associados ao mundo natural: a Terra e suas rochas, minerais, fósseis e todos os organismos vivos. Em 1808, Cuvier reformulou um famoso fóssil de um réptil gigante encontrado em uma mina de greda em Maastricht, na Holanda; o esqueleto era famoso por ter sido trazido como troféu de guerra depois do cerco a Maastricht, em 1975, pelo exército de Napoleão. Confundida a princípio com um crocodilo, a criatura foi identificada corretamente por Cuvier como um enorme lagarto marinho (que depois seria batizado de *Mosasaurus* pelo reverendo William D. Conybeare, um sacerdote e naturalista inglês). O impacto dessa revelação – a existência dos restos fossilizados de um gigantesco lagarto de outra época da Terra – foi muito profundo. Isso fomentou a procura e a descoberta de outros "lagartos" gigantes extintos, comprovou de uma vez por todas que "mundos primitivos" pré-bíblicos realmente haviam existido e também determinou a forma como o público passaria a ver e interpretar os fósseis dessas criaturas: como lagartos gigantes.

Após a derrota de Napoleão e do tratado de paz entre França e Inglaterra, Cuvier enfim pôde visitar a Inglaterra em 1817-1818 para conversar com cientistas de interesses similares. Em Oxford, ele conheceu os gigantes ossos fossilizados das coleções do geólogo William Buckland; ossos que pareciam ser de uma gigantesca criatura similar a um lagarto, mas dessa vez terrestre, e que fizeram Cuvier se lembrar dos fósseis encontrados na Normandia. William Buckland acabou batizando sua criatura posteriormente de *Megalosaurus* em 1824 (com uma pequena ajuda de Conybeare).

No entanto, para os fins dessa história em particular, as descobertas realmente importantes só foram feitas por volta de 1821-1822 e nas mesmas minas, nas redondezas de Whiteman's Green, em Cuckfield, visitadas por William Smith treze anos antes. Nessa época, um médico empreendedor e ambicioso, o doutor Gideon Algernon Mantell (1790-1852), que vivia na cidade de Lewes, estava dedicando todo o seu tempo livre para completar um detalhado relatório sobre a estrutura geológica e os fósseis de seu distrito natal, Weald (uma área que incorporava grande parte de Surrey, Sussex e uma porção de Kent), no sul da Inglaterra. O trabalho de Mantell culminou em um livro imenso e cheio de ilustrações publicado em 1822. Esse livro trazia descrições muito claras de vários dentes e ossos reptilianos enormes que não haviam sido identificados adequadamente. Muitos deles foram comprados por Mantell de mineradores, enquanto outros haviam sido encontrados por sua esposa, Mary Ann. Ao longo dos três anos seguintes, Mantell dedicou-se a identificar a que tipo de animal esses enormes dentes fossilizados poderiam ter pertencido. Mesmo sem saber muito sobre anatomia comparativa (a especialidade de Cuvier), Mantell entrou em contato com vários cientistas ingleses experientes em busca de alguma pista sobre a origem desses fósseis; também enviou alguns de seus preciosos espécimes para Cuvier, em Paris, na esperança de que ele pudesse identificá-los. A princípio, as descobertas de Mantell foram vistas, até mesmo por Cuvier, como meros fragmentos de animais contemporâneos (sendo talvez os dentes incisivos de um rinoceronte ou de um peixe ósseo grande adaptado para comer corais). Sem se deixar abater, Mantell continuou investigando e por fim chegou a uma

7. Um dos dentes originais do *Iguanodon* encontrado pelos Mantell.

possível solução. Nas coleções da Faculdade Real dos Cirurgiões, em Londres, ele encontrou o esqueleto de um iguana, um lagarto herbívoro descoberto poucos anos antes na América do Sul. Os dentes tinham um formato geral similar aos dos fósseis, um sinal de que poderiam ter pertencido a um gigantesco parente herbívoro e extinto do iguana moderno.

Mantell publicou um relatório sobre a nova descoberta em 1825 e batizou sua criatura fossilizada de *Iguanodon*. Esse nome, que significa literalmente "dente de iguana", foi sugerido por Conybeare (que claramente tinha um talento para batizar essas várias novas descobertas graças à sua formação e postura clássicas).

Como era de se esperar, a partir das comparações que puderam ser feitas, essas primeiras descobertas confirmaram a existência de um mundo primitivo habitado por misteriosos lagartos gigantes. Por exemplo, uma simples comparação entre as proporções dos pequenos dentes do iguana moderno (de apenas um metro de comprimento) e os do *Iguanodon* mostrou que o animal pré-histórico poderia ter mais de 25 metros. A empolgação e a notoriedade trazidas pela descoberta do *Iguanodon* levaram Mantell a concentrar seus esforços na busca de mais detalhes sobre esse animal e outras criaturas fossilizadas que teriam habitado a antiga área de Weald.

Durante vários anos após 1825, apenas pequenos fragmentos de fósseis foram encontrados em Weald, até que em 1834 um esqueleto parcial e fragmentado (Figura 8) foi descoberto em uma mina em Maidstone, Kent. Mantell acabou comprando esse fóssil, que foi batizado de "enfeite de lareira", e acabou se firmando como uma grande influência para os seus trabalhos posteriores, que incluíram algumas das primeiras ilustrações de dinossauros da história (Figura 9). Ele continuou analisando a anatomia e a biologia do *Iguanodon* por muitos anos, mas infelizmente grande parte desses estudos foi ofuscada pelo surgimento de um concorrente pessoal muito experiente, ambicioso, implacável e bem relacionado: Richard Owen (1804-1892) (Figura 1).

A "invenção" dos dinossauros

Catorze anos mais jovem do que Mantell, Richard Owen também estudou medicina, mas se especializou em anatomia. Conhecido por ser um habilidoso anatomista, ele conquistou um cargo na Faculdade Real de Cirurgiões,

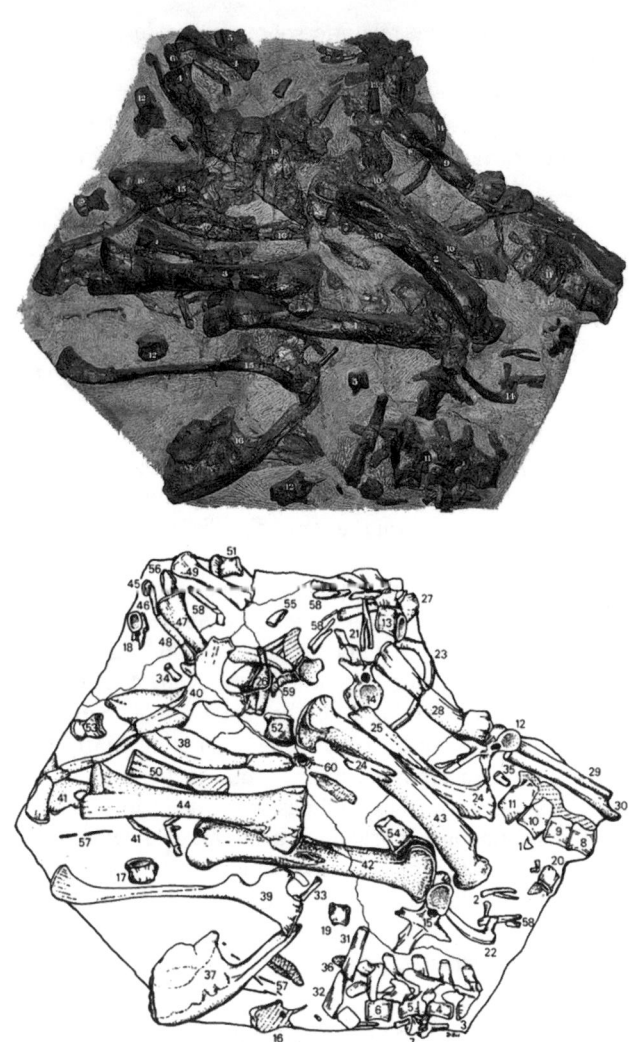

8. Fotografia e esboço do "enfeite de lareira", um esqueleto parcial descoberto em Maidstone, Kent, em 1834.

em Londres, o que lhe rendeu acesso a uma ampla gama de materiais de comparação e, graças a muito esforço e competência, o levou a ser visto como o "Cuvier inglês". No final dos anos 1830, Owen conseguiu convencer a Associação Britânica a financiar a preparação de uma análise detalhada sobre tudo o que era conhecido até então sobre os répteis fossilizados britânicos. O resultado disso foi uma série de livros enormes cheios de ilustrações muito similares aos importantíssimos trabalhos (em especial *Ossemens Fossiles*, lançado em múltiplos volumes) publicados por Cuvier no começo do século, o que fortaleceu ainda mais a reputação científica de Owen.

Esse projeto resultou em duas publicações muito importantes: uma em 1840, que tratava em maior parte de fósseis marinhos (*Enaliosauria* de Conybeare), e outra em 1842, sobre o restante dos temas, incluindo o *Iguanodon* de Mantell. O relatório de 1842 foi marcante em especial por Owen ter criado um novo "grupo ou subordem, que batizo de Dinosauria". Ele identificou três dinossauros nesse relatório: o *Iguanodon* e o *Hylaeosaurus*, ambos descobertos em Weald e batizados por Mantell; e o *Megalosaurus*, o réptil gigante de Oxford. Owen reconheceu esses espécimes como membros de um grupo único e até então desconhecido de animais com base em uma série de observações anatômicas distintas e detalhadas que incluíam o enorme sacro (um osso muito resistente que liga os quadris à espinha dorsal), as costelas de cabeça dupla na região peitoral e as pernas de estrutura robusta como pilares (Figura 10).

Ao revisar os esboços de cada um desses dinossauros, Owen reduziu de forma considerável suas dimensões, sugerindo que eles deveriam ser muito grandes, mas tinham no máximo de nove a doze metros de comprimento, refutando as hipóteses mais exageradas propostas por Cuvier, Mantell e Buckland em publicações anteriores. Além disso, Owen especulou um pouco mais sobre a anatomia e a biologia desses animais com palavras que parecem ter uma repercussão extraordinária à luz das interpretações atuais sobre a biologia e o modo de vida dos dinossauros.

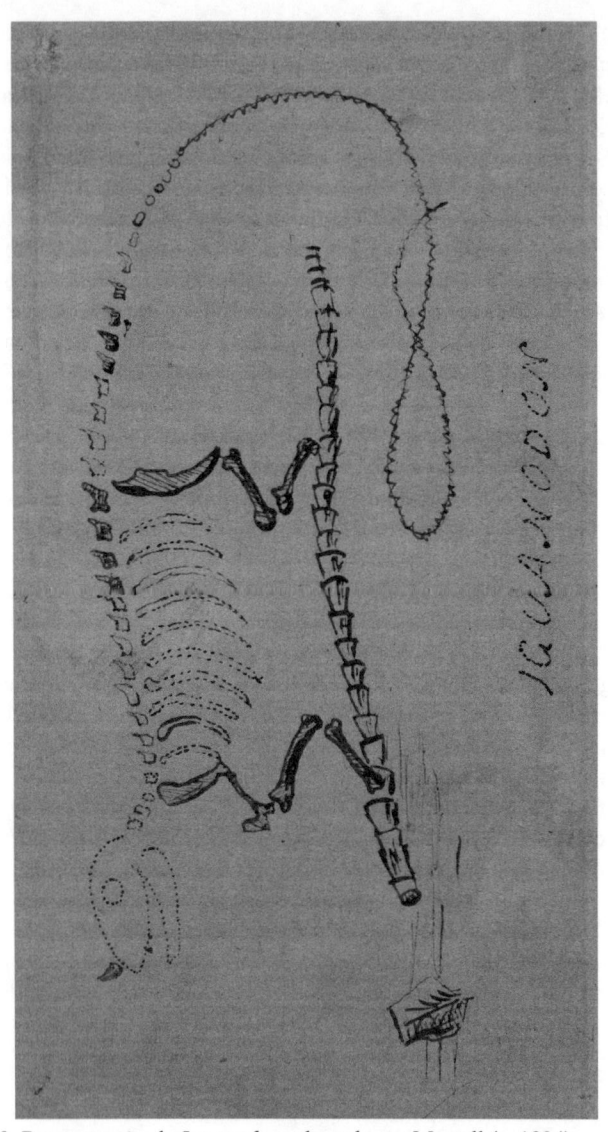

9. Reconstrução de *Iguanodon* esboçada por Mantell (c. 1834).

Nos comentários finais do relatório, Owen sugeriu que:

> Os dinossauros se tornaram os maiores seres – e devem ter desempenhado seus papéis mais importantes como carnívoros ou vegetarianos – que existiram neste planeta sob a forma de criaturas ovíparas [que botam ovos] e de sangue frio.
> (Owen 1842: 200)

E também que:

> Por terem a mesma estrutura torácica que os crocodilos, podemos concluir que os dinossauros tinham corações de quatro câmaras... mais parecidos com os que hoje são encontrados em mamíferos de sangue quente.
> (ibid.: 204)

Assim sendo, a concepção de Owen via os dinossauros como criaturas robustas, mas ovíparas e cobertas de escamas (porque ainda eram répteis), e parecidas com os maiores mamíferos modernos encontrados nas regiões tropicais do planeta; esses dinossauros representariam o ápice de uma época em que répteis ovíparos e escamosos dominavam a Terra. Os dinossauros descritos por Owen seriam os equivalentes do mundo primitivo aos elefantes, rinocerontes e hipopótamos de hoje. Criadas com base apenas na lógica da dedução científica e em escassas evidências, essas teorias se

10. Reconstrução de *Megalosaurus* esboçada por Owen (c. 1854).

revelaram não apenas como hipóteses brilhantes e incisivas, mas também como uma visão revolucionária dessas criaturas primitivas. E esse conceito tão inovador parecia ainda mais incrível ao lado dos modelos de "lagartos gigantes" criados na época, que eram reproduções totalmente plausíveis e lógicas feitas a partir dos sólidos princípios, muito respeitados, de anatomia comparativa estabelecidos por Cuvier.

A criação do grupo Dinosauria trouxe outras repercussões importantes na época. Os relatórios também ofereciam um veemente argumento contrário aos movimentos progressistas e transmutacionistas que permearam a biologia e a geologia durante a primeira metade do século XIX. Para os progressistas, os registros fósseis mostravam que a vida vinha se tornando cada vez mais complexa: as rochas mais antigas apresentavam as formas mais simples de vida, enquanto as mais recentes continham sinais de criaturas mais complexas. Já os transmutacionistas acreditavam que os membros de uma mesma espécie não eram idênticos, argumentando que essa diversidade também poderia permitir que uma espécie se transformasse com o tempo. Jean Baptiste de Lamarck, um colega de Cuvier, em Paris, sugeria que as espécies animais podiam se transmutar, transformando-se ao longo do tempo através da herança de características adquiridas. Essas ideias desafiavam a crença bíblica amplamente difundida de que Deus havia criado todos os seres vivos da Terra, causando amplos e acalorados debates.

Os dinossauros, assim como vários outros grupos de organismos reconhecidos nos relatórios tementes a Deus de Owen, ofereciam uma prova de que a vida na Terra não vinha apresentando um aumento de complexidade ao longo do tempo – na verdade, era justamente o oposto. Os dinossauros tinham uma anatomia reptiliana (ou seja, eram vertebrados ovíparos de sangue frio e corpo escamoso); no entanto, os répteis de hoje eram apenas um grupo degenerado de criaturas se comparados aos magníficos dinossauros, descobertos por Owen, que viveram na Era Mesozoica. Em resumo, Owen estava tentando combater o intelectualismo cientificista radical da época para firmar uma nova compreensão sobre a diversidade da vida com bases mais próximas aos conceitos expostos pelo reverendo William Paley em seu livro intitulado *Natural Theology*, onde Deus tinha um papel central como criador e arquiteto de todas as criaturas da Terra.

A fama de Owen continuou crescendo durante os anos 1840 e 1850 e ele se envolveu com os comitês que planejaram a mudança do complexo criado para a Grande Exposição de 1854. É curioso notar que, apesar de toda a fama, não foi Owen o primeiro escolhido para coordenar a produção dos modelos de dinossauros, mas sim Gideon Mantell. No entanto, Mantell recusou a oferta, alegando problemas de saúde e também por ter receio dos riscos associados à popularização de seu trabalho científico, em particular o de expor ideias ainda não totalmente maduras.

A história de Mantell teve um fim trágico: sua obsessão pelos fósseis e pela criação de um museu particular acabou causando o colapso de sua carreira médica e de sua família (ele foi deixado pela esposa e pelos filhos, que se mudaram assim que chegaram à idade necessária para sair de casa). O diário que ele escreveu por grande parte da vida traz relatos melancólicos. Em seus últimos anos, Mantell tornou-se um homem solitário, castigado por dores crônicas nas costas, e acabou morrendo com uma overdose autoadministrada de láudano.

Mesmo ofuscado pelo trabalho do ambicioso e brilhante Owen, que era um cientista em tempo integral, Mantell passou grande parte da última década de vida dando continuidade à "sua" pesquisa sobre o *Iguanodon*. Ele escreveu uma série de artigos científicos e livros muito populares com várias novas descobertas, e foi o primeiro a concluir (em 1851) que a concepção de Owen que via os dinossauros (ou pelo menos o *Iguanodon*) como enormes "répteis elefânticos" poderia estar equivocada. Descobertas posteriores de mandíbulas com dentes e novas análises do esqueleto parcial do "enfeite de lareira" revelaram que o *Iguanodon* tinha pernas traseiras fortes e membros dianteiros menores e mais fracos. Por consequência, Mantell concluiu que a postura desse animal poderia ser muito mais parecida com as posições "eretas" vistas em modelos de preguiças gigantes (inspirados paradoxalmente pela detalhada descrição, feita por Owen, do *Mylodon*, uma preguiça terrestre). Infelizmente, esse trabalho foi subestimado, em grande parte devido a todo o entusiasmo público criado acerca dos modelos de dinossauros feitos por Owen para o Palácio de Cristal. A verdade sobre as suspeitas de Mantell e a grandeza de seu próprio intelecto só foram reveladas trinta anos mais tarde e através de outra incrível reviravolta do acaso.

A reconstrução do *Iguanodon*

Em 1878, descobertas surpreendentes foram feitas em uma mina de carvão no pequeno vilarejo de Bernissart, na Bélgica. Mineradores locais, que estavam escavando uma camada de carvão a mais de 300 metros de profundidade, chegaram a uma camada de xisto (argila macia e laminada) onde começaram a encontrar o que pareciam ser grandes pedaços de madeira fossilizada, que logo foram extraídos, uma vez que pareciam estar cheios de ouro! No entanto, após uma análise mais detalhada, verificou-se que aqueles pedaços

11. Louis Dollo (1857-1931).

de madeira eram na verdade ossos fossilizados e que o metal ali presente era apenas "ouro de tolo" (pirita de ferro). Entre esses fósseis, também foram encontrados alguns dentes que pareciam similares aos que Mantell havia descrito vários anos antes como pertencentes ao *Iguanodon*. Por mero acaso, os mineradores acabaram não encontrando ouro, mas sim uma inestimável coleção de esqueletos completos de dinossauros.

Durante os cinco anos seguintes, uma equipe de mineradores e cientistas do Museu Real Belga de História Natural (agora conhecido como Instituto Real de Ciências Naturais), em Bruxelas, escavou quase quarenta esqueletos da espécie *Iguanodon*, assim como os restos de vários outros animais e plantas que também estavam preservados nas mesmas camadas. Muitos dos esqueletos encontrados estavam completos e totalmente articulados, firmando essa descoberta como a mais espetacular já feita em qualquer lugar do mundo até então. Louis Dollo (1857-1931), um jovem cientista de Bruxelas, teve a sorte de poder estudar e descrever esse extraordinário tesouro, trabalho ao qual se dedicou desde 1882 até se aposentar por volta de 1920.

Os esqueletos completos escavados em Bernissart comprovaram, por fim, que a concepção formulada por Owen a respeito de dinossauros como o *Iguanodon* estava incorreta. Como Mantell suspeitava, o animal tinha membros dianteiros não tão fortes e grandes quanto as pernas traseiras, bem como uma enorme cauda (Figura 12) e proporções similares às de um canguru gigante.

A reconstrução do esqueleto e o processo utilizado para se chegar a esse modelo são muito reveladores, pois mostram como a influência das interpretações contemporâneas sobre a aparência e o parentesco dos dinossauros afetou o trabalho de Dollo. A concepção de "répteis elefânticos" formulada por Owen já havia sido contestada em 1859 a partir da descoberta de alguns interessantes esqueletos incompletos encontrados em Nova Jersey e estudados por Joseph Leidy, um homem de estatura científica equivalente à de Owen que trabalhava na Academia de Ciências Naturais da Filadélfia. No entanto, Owen recebeu críticas muito mais contundentes de um rival londrino mais jovem e ambicioso: Thomas Henry Huxley (1825-1895).

No final dos anos 1860, uma série de novas descobertas acirrou ainda mais o debate sobre o parentesco entre os dinossauros e outros animais. O primeiro fóssil bem-preservado de uma ave (chamada *Archaeopteryx*, ou "asa antiga") foi encontrado na Alemanha (Figura 13). O esqueleto foi depois comprado de um colecionador particular pelo Museu de História Natural em Londres e, então, analisado por Richard Owen em 1863. O fóssil era incomum porque tinha marcas bem-preservadas de penas, um traço característico de qualquer ave, formando uma auréola em volta do esqueleto. No entanto, o animal era diferente de qualquer ave moderna e similar aos répteis atuais, além de ter três longos dedos com garras em cada mão, dentes nas mandíbulas e uma longa cauda óssea (algumas aves modernas também parecem ter longas caudas, no entanto, tratam-se apenas de caudas vestigiais curtas cobertas de penas).

Não muito tempo depois, outro esqueleto pequeno e bem-preservado foi descoberto nas mesmas minas alemãs

12. Desenho do esqueleto de um *Iguanodon*.

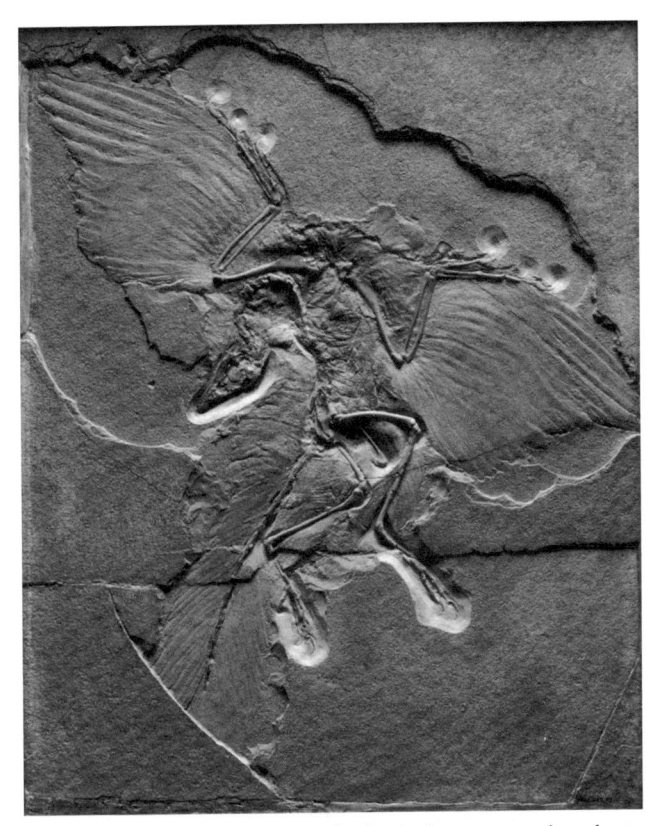

13. Um espécime bem preservado de *Archaeopteryx*, descoberto em 1876 (com cerca de 40 centímetros de comprimento).

(Figura 14). O animal não apresentava nenhum sinal de penas e tinha braços curtos demais para usá-los como asas. Dada a anatomia, tratava-se claramente de um pequeno dinossauro predador que foi batizado de *Compsognathus* ("mandíbula bonita").

Essas duas descobertas surgiram em uma época particularmente sensível no mundo da ciência. Em 1859, mais ou menos um ano antes de o primeiro esqueleto de *Archaeopteryx* ser encontrado, Charles Darwin publicou um livro intitulado *A origem das espécies*. Esse livro trazia uma discussão muito detalhada sobre as evidências que apoiavam as ideias divulgadas pelos transmutacionistas e progressistas mencionados antes. Mais importante ainda, Darwin sugeriu a existência de um mecanismo – a seleção natural – que poderia gerar essas transmutações e produzir novas espécies na Terra. O impacto da publicação foi sensacional na época porque oferecia uma crítica direta à concepção bíblica

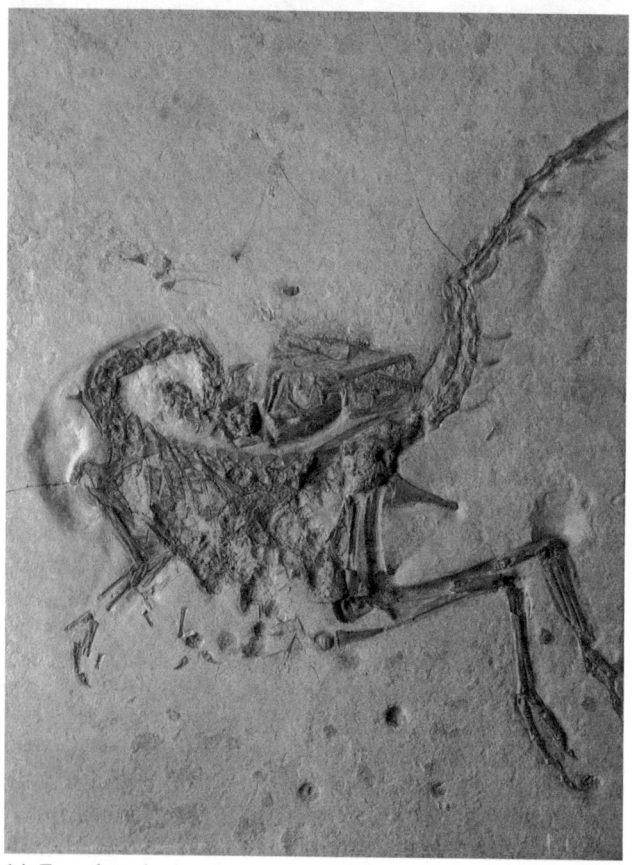

14. Esqueleto de *Compsognathus* (com cerca de 70 centímetros de comprimento).

aceita quase universalmente até então, segundo a qual Deus não teria criado diretamente todas as espécies conhecidas do mundo. As ideias de Darwin foram rebatidas com vigor por diversas figuras que defendiam a versão religiosa, como Richard Owen. Por outro lado, intelectuais radicais reagiram de forma muito positiva à publicação de Darwin. Após ler o livro de Darwin, Thomas Huxley teria dito: "Que estupidez a minha não ter pensado nisso antes!".

Mesmo tentando não se envolver demais em questões darwinistas, Huxley de fato até chegou a mencionar as descobertas de dinossauros fossilizados em alguns de seus argumentos. Ele logo notou que o *Archaeopteryx* e o pequeno predador *Compsognathus* tinham anatomias muito similares. No começo dos anos 1870, Huxley começou a usar a similaridade anatômica entre as aves e os dinossauros para apoiar a teoria de que primeiro grupo teria evoluído a partir do segundo. De muitas maneiras, o cenário científico estava pronto para as novas descobertas na Bélgica. No final dos anos 1870, o brilhante jovem Louis Dollo já estava totalmente a par das discussões entre Owen, Huxley e Darwin. Uma de suas maiores preocupações deve ter sido pensar se essas novas descobertas teriam alguma influência sobre a grande controvérsia científica da época.

Estudos anatômicos minuciosos do esqueleto completo de um *Iguanodon* revelaram que o animal tinha uma estrutura de quadril conhecida como ornitísquia ("quadril de ave"), além de longas pernas traseiras que terminavam em patas enormes, mas similares às das aves, com três dedos (em um formato que lembrava muito as patas das maiores aves terrestres conhecidas, como as emas). Esse dinossauro também tinha um pescoço curvado bastante parecido com o de uma ave, e as pontas superiores e inferiores de suas mandíbulas não tinham dentes e eram recobertas por um bico córneo similar ao de um pássaro. Levando em conta o trabalho de descrever e interpretar esses fósseis de que Dollo foi incumbido logo após o impacto causado por essas empolgantes descobertas, é intrigante constatar que nas fotos mais antigas da reconstrução do primeiro esqueleto em Bruxelas, logo ao lado dos ossos do enorme dinossauro, podem ser vistos os esqueletos de dois animais australianos: um *wallaby* (uma pequena espécie de canguru) e uma ave terrestre de grande porte conhecida como casuar.

A influência dos debates que se alastravam pela Inglaterra era inegável. Essa nova descoberta apontava para a verdade implícita nos argumentos de Huxley e deixava claro que Mantell estava no caminho certo em 1851. O *Iguanodon* não era uma versão desajeitada de um rinoceronte coberto de escamas como havia sido retratado por Owen em seus modelos criados em 1854. Na verdade, esse dinossauro era uma criatura enorme com uma postura similar à de um canguru apoiado nas patas traseiras, mas com as características de uma ave, como afirmava a teoria de Huxley.

Dollo mostrou-se muito criativo ao estudar suas criaturas fossilizadas; ele dissecou crocodilos e pássaros para entender melhor a biologia e os detalhes da musculatura desses animais e também como isso poderia ser usado para identificar os tecidos moles de seus dinossauros. Em vários aspectos, ele estava adotando, sem dúvida alguma, uma abordagem forense para analisar esses misteriosos fósseis. Dollo é visto como o criador de um novo ramo da paleontologia, que hoje é conhecido como paleobiologia. Ele mostrou que a paleontologia deveria ir além e investigar a biologia, assim como a ecologia e o comportamento dessas criaturas extintas. Sua última contribuição à história do *Iguanodon* foi um trabalho publicado em 1923 em homenagem ao centenário da descoberta original feita por Mantell. Ele preparou uma lista com suas concepções sobre o dinossauro, identificando-o como um equivalente pré-histórico da girafa (ou da preguiça terrestre gigante de Mantell). Dollo concluiu que a postura do animal permitia-lhe alcançar árvores altas para se alimentar, usando uma língua comprida e robusta para arrancar a vegetação e o bico afiado para cortar os ramos mais grossos, enquanto seus dentes característicos serviam para macerar o alimento antes da deglutição. Preparada com base em uma coleção de esqueletos completamente articulados, essa interpretação foi tão bem aceita na época que parmaneceu, sem qualquer desafio literal ou metafórico, pelos 60 anos seguintes. A ideia foi reforçada pela distribuição de

15. *Iguanodon* sendo reconstruído no Museu de História Natural de Bruxelas, em 1878, com os esqueletos de um casuar e de um *wallaby* ao lado sendo usados como comparação.

réplicas do esqueleto do *Iguanodon* de Bruxelas para vários dos grandes museus ao redor do mundo durante o começo do século XX, bem como pelos diversos livros muito populares e influentes escritos sobre o assunto.

O declínio dos dinossauros na paleontologia

Paradoxalmente, a conclusão do extraordinário trabalho de Dollo sobre esse dinossauro, junto com seu reconhecimento internacional como "pai" da nova paleontologia nos anos 20, marcou o início de um sério declínio na relevância pública dessa área de pesquisa no panorama das ciências naturais. No intervalo entre meados dos anos 20 e o meio dos anos 60, a paleontologia, e em especial o estudo dos dinossauros, passou por uma inesperada estagnação. O entusiasmo com as primeiras descobertas, em particular na Europa, foi seguido pela ainda mais espetacular "guerra dos ossos", que abalou os Estados Unidos nas últimas três décadas do século XIX. Essa disputa foi marcada por uma corrida frenética, e às vezes até violenta, em busca de novos dinossauros a serem descobertos e batizados, como em uma versão acadêmica do desbravamento do "velho oeste". No centro desses embates, estavam Edward Drinker Cope (um pupilo do modesto e cortês professor Leidy) e seu "oponente", Othniel Charles Marsh, da Universidade de Yale. Eles contrataram verdadeiras gangues para se aventurar pelo meio-oeste dos Estados Unidos, coletando o máximo possível de novos ossos de dinossauros. Essa "guerra" resultou em uma miríade de publicações científicas que batizou dezenas de novos dinossauros, dentre os quais muitos nomes famosos até hoje, como o *Brontosaurus*, o *Stegosaurus*, o *Triceratops* e o *Diplodocus*.

Descobertas igualmente fascinantes foram feitas, em parte por acaso, durante o começo do século XX em lugares exóticos, como na Mongólia, por Roy Chapman Andrews do Museu Americano de História Natural de Nova York (o herói e explorador que serviu como inspiração para o mítico personagem "Indiana Jones"); e na África Oriental Alemã (Tanzânia), por Werner Janensch do Museu de História Natural de Berlim.

Novos dinossauros continuaram sendo descobertos e batizados em vários lugares pelo mundo todo. No entanto, mesmo com esses fósseis sendo transformados em espetaculares exposições nos museus, os paleontólogos não pareciam estar interessados em muito mais do que apenas adicionar novos nomes ao panteão de criaturas extintas. Uma sensação de fracasso se alastrou, chegando ao ponto de alguns cientistas até usarem os dinossauros como exemplos para uma teoria de extinção baseada na "senescência racial". O argumento principal dessa tese era que os dinossauros viveram por tanto tempo que suas estruturas genéticas chegaram a um ponto onde se exauriram e se tornaram incapazes de gerar novas mutações necessárias para que o grupo como um todo pudesse sobreviver. Isso sustentava a ideia de que os dinossauros foram apenas um experimento do reino animal no processo de evolução pelo qual o mundo teria passado.

Como era de se esperar, muitos biólogos e teóricos começaram a ver essa área de pesquisa com desconfiança cada vez maior. Embora ainda instigantes, as novas descobertas pareciam não trazer dados que pudessem levar a disciplina adiante. Formalidades científicas como a descrição e o batismo dessas novas criaturas continuavam sendo exigidas, mas, fora isso, todo o interesse pelos dinossauros parecia se resumir à catalogação: para falar a verdade, os paleontólogos passaram a ser vistos como meros "colecionadores de selos". Os dinossauros, e diversos outros fósseis encontrados, ofereciam retalhos da imensa tapeçaria da vida, mas seu valor científico começou a ser questionado.

Vários fatores justificaram essa mudança de percepção: o trabalho de Gregor Mendel (publicado em 1866, mas subestimado até 1900) sobre as leis da herança particulada (genética) mencionava um mecanismo crucial que sustentava a teoria da evolução descrita por Darwin através da seleção natural. O trabalho de Mendel se fundiu com muita elegância à teoria de Darwin para a criação do "neodarwinismo" nos anos 30. De um só golpe, a genética mendeliana resolveu uma das maiores dúvidas de Darwin sobre sua teoria: como as características favoráveis (genes ou alelos na nova linguagem mendeliana) eram passadas de geração para geração? Não tendo nenhuma outra explicação melhor para o mecanismo de herança no meio do século XIX, Darwin presumiu que os atributos dos seres vivos, os traços sujeitos à seleção, segundo sua teoria, eram misturados a cada geração ao serem herdados. No entanto, isso era uma grave falha, pois Darwin percebeu que todas as características favoráveis acabariam simplesmente sendo diluídas e eliminadas caso fossem misturadas a cada nova geração. O neodarwinismo esclareceu muitas coisas, uma vez que a genética mendeliana trouxe um alto grau de rigor matemático à teoria, e a revitalização do tema rapidamente fez com que novos centros de pesquisa surgissem. Isso levou à criação de novas ciências como a genética e a biologia molecular, culminando no modelo de DNA proposto por Crick e Watson em 1953, bem como a enormes avanços nos campos da evolução comportamental e da ecologia evolutiva.

Infelizmente, esse fértil solo intelectual não parecia estar tão disponível para os paleontólogos. Como estudar os mecanismos genéticos de criaturas fossilizadas é obviamente impossível, muitos acreditaram que os fósseis jamais poderiam oferecer provas materiais para o avanço intelectual dos estudos evolutivos durante grande parte do século XX. Darwin já havia previsto as limitações da paleontologia no contexto de sua nova teoria. Usando seu inimitável raciocínio, ele foi claro quanto à contribuição limitada que os fósseis poderiam trazer aos debates. Em um capítulo de *A origem das espécies* dedicado às "imperfeições dos registros fósseis", Darwin afirmou que, embora os fósseis pudessem oferecer provas materiais da evolução durante a história da vida na Terra (em menção aos antigos argumentos progressistas), as sucessivas camadas geológicas de rochas e os registros fósseis nelas contidos eram incompletos. Comparando o registro geológico a um livro sobre a história da vida na Terra, Darwin escreveu:

> ...desse livro todo, apenas um curto capítulo foi preservado; e de cada uma de suas páginas, apenas algumas poucas linhas restaram.
>
> (Darwin, 1882, 6 ed.: 318)

A paleobiologia dos dinossauros: um novo começo

Foi só nos anos 60 e início dos 70 que o estudo dos fósseis começou a ressurgir como um tema de interesse mais amplo. O catalisador dessa revitalização foi o surgimento de uma nova geração de cientistas evolucionistas mais jovens e ansiosos por demonstrar que as evidências dos registros fósseis não eram nem de longe um "livro fechado" em termos darwinistas. Esse novo trabalho usou como base a premissa de que enquanto os biólogos evolucionistas se restringem a estudar os animais vivos em um mundo basicamente bidimensional – eles podem analisá-los, mas não podem observar o surgimento de novas espécies –, os paleontólogos contam com uma terceira dimensão, que é a do tempo. Os registros fósseis abrangem períodos de tempo extensos o bastante para que seja possível acompanhar o surgimento de novas espécies e a extinção de outras, permitindo que os paleobiólogos se façam diversas perguntas evolutivas: a escala do tempo geológico pode oferecer uma perspectiva complementar (ou diferente) ao processo evolutivo? Os registros fósseis contêm informação suficiente para relevar alguns segredos evolutivos?

Estudos detalhados dos registros geológicos começaram a mostrar sucessões de fósseis muito ricas (criaturas marinhas com carapaças, em especial) – muito mais ricas do que Charles Darwin poderia ter imaginado, levando em consideração o relativo estágio primitivo da paleontologia no meio do século XIX. A partir desse trabalho, surgiram observações e teorias que viriam a desafiar a visão dos biólogos sobre as formas da evolução biológica em longos intervalos de tempo geológico. Foram documentados eventos repentinos de extinção em massa e períodos de recuperação da fauna que não poderiam ter sido previstos pela teoria darwinista. Eventos como esses pareciam zerar o relógio evolutivo da vida literalmente em um instante, o que levou alguns teóricos a adotarem uma visão muito mais "episódica" ou "contingente" para a história da vida na Terra. Parecia ser possível demonstrar a existência de mudanças de larga escala, ou macroevolutivas, na diversidade da fauna global ao longo do tempo; situações que, mais uma vez, não estavam previstas na teoria de Darwin e exigiam explicações.

No entanto, ainda mais notável foi a teoria proposta por Niles Eldredge e Stephen Jay Gould do "equilíbrio pontuado". Eles sugeriram que as versões biológicas modernas da teoria evolutiva precisavam ser expandidas, ou modificadas, para acomodar os padrões de mudança observados várias vezes entre diversas espécies nos registros fósseis que mostravam períodos prolongados de estase (o "período de equilíbrio") durante os quais eram observadas apenas mudanças relativamente pequenas, contrastando com períodos muito curtos de rápidas mudanças (a "pontuação"). Essa tese não se encaixava muito bem nas previsões darwinistas que sugeriam mudanças lentas e progressivas na aparência das espécies ao longo do tempo (o chamado "gradualismo evolutivo"). Essas ideias também levaram os paleobiólogos a se perguntarem: até que ponto a seleção natural poderia funcionar? Ela poderia operar acima do nível dos indivíduos em alguns casos?

Por consequência, a paleobiologia como um todo se tornou mais dinâmica, questionadora e aberta às outras áreas; foi isso também o que preparou o ramo para integrar seu trabalho de forma mais ampla a outros campos da ciência. Até biólogos evolucionistas muito influentes, como John Maynard Smith, que nunca chegaram a estudar fósseis, passaram a aceitar que a paleobiologia poderia trazer valiosas contribuições ao campo.

Enquanto essa disciplina voltava a se firmar no cenário científico, a metade dos anos 60 também foi marcada por importantes descobertas de novos dinossauros que acabariam suscitando ideias que ainda são relevantes até hoje. O epicentro dessa renascença foi o Museu de Peabody, na Universidade de Yale, o local de trabalho original do "soldado" Othniel Charles Marsh da "guerra dos ossos". No entanto, dessa vez foi John Ostrom, um jovem professor de paleontologia com um grande interesse por dinossauros, quem liderou o movimento.

Capítulo 2

A renascença dos dinossauros

A descoberta do "garra terrível"

No verão de 1964, John Ostrom estava procurando fósseis em rochas cretáceas perto de Bridger, em Montana, onde coletou os fragmentos de um novo dinossauro predador muito incomum. Escavações posteriores encontraram restos mais completos e, em 1969, Ostrom conseguiu descrever essa nova espécie com mais detalhes e a batizou de *Deinonychus* ("garra terrível") em referência às enormes garras em forma de gancho presentes em suas patas traseiras.

O *Deinonychus* (Figura 16) era um predador de tamanho médio (de dois a três metros de comprimento) pertencente a um grupo conhecido como terópodes. Ostrom observou uma série de traços anatômicos inesperados que prepararam o cenário intelectual para uma revolução que por fim derrubaria a ideia aceita até então segundo a qual os dinossauros seriam criaturas arcaicas e obsoletas que se arrastaram rumo à extinção no final da Era Mesozoica.

No entanto, Ostrom estava muito mais interessado em compreender a biologia desse intrigante animal do que em apenas analisar as características de seu esqueleto. Essa abordagem não lembrava em nada a alcunha de "colecionador de selos" adquirida pelos paleontólogos e refletia o método usado por Louis Dollo em suas tentativas pioneiras de entender a biologia dos primeiros esqueletos completos do *Iguanodon* (Capítulo 1). Como abordagem, esse processo tem mais em comum com a patologia forense moderna, justamente por tentar reunir uma ampla gama de fatos a partir de diversas áreas científicas para se chegar a uma rigorosa interpretação, ou hipótese, com base nas evidências disponíveis; esse é um dos principais alicerces da paleobiologia atual.

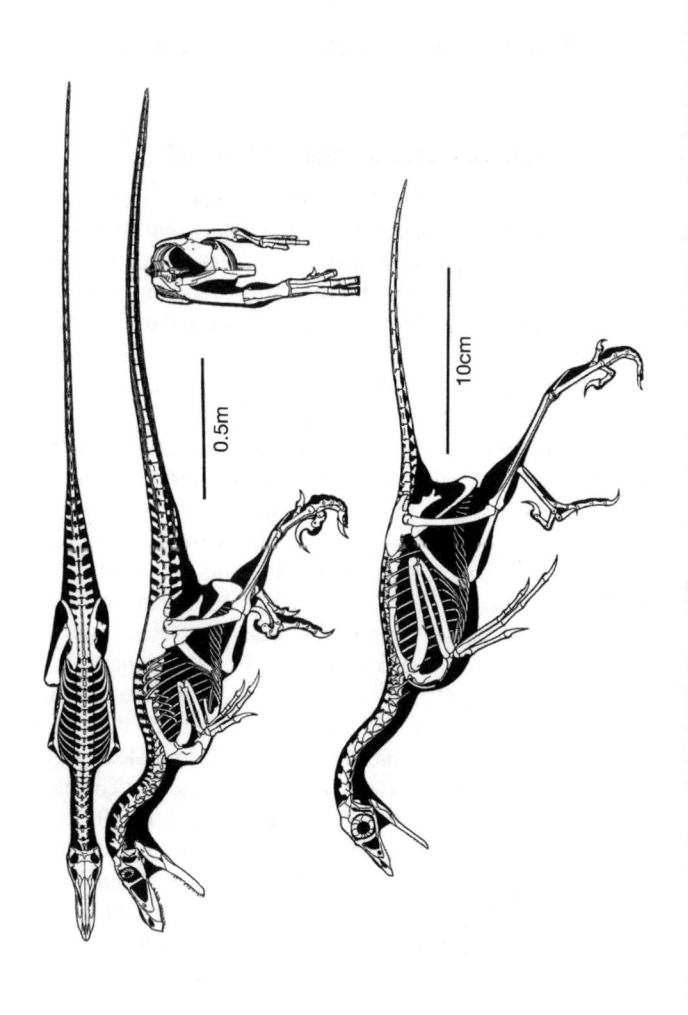

16. **Acima:** Três diagramas de um esqueleto de *Deinonychus*.
Abaixo: Diagrama de um *Archaeopteryx* sem as penas para mostrar a similaridade de sua anatomia à dos terópodes.

Características do *Deinonychus*

I) O animal era claramente bípede (corria usando apenas os membros traseiros) e tinha pernas longas e esguias.

II) As patas eram incomuns. Dos três dedos em cada uma delas, apenas dois eram usados para caminhar, sendo que o dedo interno ficava "recuado" acima do chão, como se pronto para atacar (como uma versão ampliada das garras retráteis nas patas de um felino).

III) A parte dianteira do animal era contrabalanceada no quadril por uma longa cauda. No entanto, essa cauda não era robusta e musculosa como se costuma ver em animais desse tipo, mas sim flexível e musculosa apenas próximo ao quadril, tornando-se muito estreita (quase como uma vara) e rígida graças a feixes de finas estruturas ósseas no restante do comprimento.

IV) O peito era curto e compacto com longos braços terminados em mãos de três dedos com garras afiadas (de rapina) encaixadas em pulsos flexíveis, permitindo que as mãos girassem em um arco (como as patas de um louva-a-deus).

V) O pescoço era esguio e curvado (como o de um ganso), mas sustentava uma cabeça muito grande, equipada com longas mandíbulas repletas de dentes afiados, curvos e serrilhados; grandes órbitas oculares que pareciam apontar para frente; e uma cavidade craniana muito maior do que o comum.

Deduzindo a biologia e a história natural do *Deinonychus*

Observando o *Deinonychus* pela perspectiva "forense", o que essas características podem nos dizer sobre esse animal e seu modo de vida?

As mandíbulas e dentes (afiados e com bordas curvas e serrilhadas) confirmam que ele era um predador capaz de retalhar e engolir suas presas. Os olhos eram grandes e voltados para frente, proporcionando um alto grau de visão estereoscópica, ideal para avaliar distâncias com precisão: uma habilidade muito útil para se capturar uma presa ágil, assim como para coordenar movimentos atléticos em um espaço tridimensional. Ao menos em parte, isso explica o cérebro relativamente grande (sugerido pela avantajada cavidade craniana): os lóbulos ópticos precisariam ser grandes para processar uma vasta quantidade de informações visuais complexas para que o animal pudesse reagir com rapidez, e as áreas responsáveis pela coordenação motora teriam que ser grandes e elaboradas para processar os comandos desse cérebro mais desenvolvido e então coordenar as ágeis respostas musculares do corpo.

A necessidade de um cérebro complexo é ainda mais enfatizada pela pequena estrutura e pela proporção esguia das pernas, que são similares às de animais modernos muito velozes, sugerindo que o *Deinonychus* era um hábil corredor. Os pés estreitos (com apenas dois dedos usados para caminhar, em vez do padrão mais estável e comum de "tripé") sugerem que o equilíbrio devia ser muito bem-desenvolvido, uma hipótese também sustentada pelo fato de que esse animal era claramente bípede, sendo capaz de andar apenas sobre duas patas (uma habilidade que, como as crianças pequenas demonstram todos os dias, precisa ser aprendida e aperfeiçoada através de uma boa comunicação entre o cérebro e o sistema musculoesquelético).

Ligadas a esse centro de equilíbrio e coordenação, as "garras terríveis" presentes em cada pé eram sem dúvida armas de ataque, comprovando que o animal era um predador. Mas como elas eram usadas? Duas hipóteses parecem prováveis: o animal poderia ser capaz de atacar a presa com um pé de cada vez, a exemplo de algumas aves terrestres modernas de grande porte como avestruzes e casuares (indicando que o *Deinonychus* seria capaz de se equilibrar em apenas um dos pés quando preciso); ou ele poderia atacar com os dois pés, saltando contra a vítima ou agarrando-a entre os braços e acertando-a com um violento chute duplo – uma técnica de luta usada pelos cangurus contra seus rivais. No entanto, é pouco provável que possamos descobrir qual dessas especulações é a mais próxima da verdade.

Os longos braços e as mãos com garras afiadas seriam ótimos instrumentos para agarrar e retalhar a presa em qualquer uma dessas situações, e o curioso movimento em arco viabilizado pelas articulações nos pulsos aumentava ainda mais as habilidades predatórias do animal. Além disso, a longa cauda flexível como um chicote poderia muito bem ser usada como um contrapeso – como a vara de um equilibrista na corda bamba, para dar mais equilíbrio enquanto o animal atacava com um só pé – e um estabilizador dinâmico, o que seria muito útil ao perseguir presas velozes capazes de mudar de direção rapidamente, ou para saltar contra a presa.

Mesmo não sendo uma análise muito profunda do *Deinonychus* em vida, essas observações mostram um esboço do raciocínio que levou Ostrom a concluir que esse animal era um dinossauro predador atlético com uma ótima coordenação e provavelmente muito inteligente. Mas por que a descoberta dessa criatura foi tão importante para o estudo dos dinossauros na paleobiologia? Para responder a essa pergunta, precisaremos delinear uma visão mais ampla desses animais como um todo.

A concepção tradicional sobre os dinossauros

Durante a primeira parte do século XX, a concepção que via os dinossauros como um grupo extinto de répteis era amplamente difundida (e perfeitamente lógica). De fato, algumas espécies eram muito grandes ou estranhas demais se comparadas aos répteis modernos, mas os dinossauros ainda eram encarados apenas como répteis. Richard Owen (e Georges Cuvier antes dele) havia confirmado que os dinossauros eram anatomicamente mais próximos dos répteis atuais, criaturas como lagartos e crocodilos. Pela lógica, então, deduzia-se que muitos atributos biológicos dos dinossauros deveriam ser similares ou talvez até idênticos aos dos répteis modernos: deviam botar ovos com casca, ter peles escamosas e uma fisiologia de "sangue frio", ou ectotérmica.

Outros fatores ajudavam a sustentar essa concepção, como o fato de Roy Chapman Andrews ter descoberto que os dinossauros mongóis botavam ovos, ou o fato de Louis Dollo (entre outros) ter identificado marcas de escamas em fósseis. Sendo assim, era de se esperar que a fisiologia geral dos dinossauros fosse similar à dos répteis modernos. Essa combinação de fatos criou uma visão muito simplista sobre os dinossauros, uma visão que os entendia como criaturas enormes e cobertas de escamas, mas basicamente estúpidas e lerdas. Presumia-se que seus hábitos também deveriam ser similares aos dos lagartos, cobras e crocodilos, animais que a maioria dos biólogos só tinha visto em zoológicos. O único fator mais intrigante era que os dinossauros tinham proporções muito mais avantajadas do que até mesmo o maior de todos os crocodilos.

Era possível encontrar diversas ilustrações em romances e livros científicos com dinossauros se arrastando por pântanos ou acocorados como se mal pudessem sustentar seus imensos corpos. Alguns exemplos mais marcantes – como o *Stegosaurus* e o *Brontosaurus* feitos por O. C. Marsh – reforçavam essas concepções. Esses dois animais tinham corpos enormes e cérebros minúsculos (Marsh até chegou a comentar sobre a cavidade craniana do *Stegosaurus*, pequena como uma noz). O *Stegosaurus* parecia ser tão limitado que foi preciso inventar um "segundo cérebro" para o animal na região do quadril que agiria como uma espécie de reserva ou centro secundário de transmissão para as informações vindas de partes distantes do corpo, reafirmando assim a ideia de que os dinossauros eram criaturas "idiotas" e "lerdas" sem sombra de dúvida.

Embora o peso das evidências comparativas de fato sustentasse essa percepção desse animal, elas ignoravam ou simplesmente encobriam observações contraditórias: muitos dinossauros, como o pequeno *Compsognathus* (Figura 14), tinham pequeno porte e corpos preparados para movimentos ágeis. Assim sendo, eles deveriam apresentar níveis de atividade não tão similares aos dos répteis.

Levando em conta essa série de opiniões vigentes e as observações e interpretações feitas por Ostrom com base no *Deinonychus*, é mais fácil entender o impacto causado por essa criatura na época. O *Deinonychus* era um predador ágil de cérebro relativamente grande, capaz de correr sobre as pernas traseiras e atacar presas, habilidade que o bom senso diria ser impossível para qualquer réptil comum.

Um dos alunos de Ostrom, Robert Bakker, deu continuidade ao debate atacando com força a concepção de que os dinossauros eram criaturas idiotas e morosas. Bakker argumentou que existiam evidências contundentes de que os dinossauros eram mais similares aos mamíferos e às aves de hoje. Vale lembrar que esse argumento reflete os comentários muito perspicazes feitos por Richard Owen em 1842, quando concebeu pela primeira vez a ideia dos dinossauros. Mamíferos e aves são vistos como "especiais" por conseguirem manter altos níveis de atividade atribuídos à fisiologia de "sangue quente", ou endotérmica. Os endotermos podem manter uma temperatura corporal alta e constante, têm pulmões eficientes para sustentar seus níveis de atividade aeróbica, são capazes de manter altos níveis de atividade em qualquer temperatura ambiente e apresentam cérebros grandes e sofisticados. Esses atributos separam as aves e os mamíferos de todos os outros vertebrados da Terra.

As diversas evidências usadas por Bakker são interessantes quando analisadas por nossa perspectiva paleobiológica mais "afinada" agora. Partindo das observações anatômicas feitas por Ostrom, Bakker argumentou, de acordo com Owen, que:

I) Os dinossauros tinham pernas eretas como pilares (como nos mamíferos e nas aves) em vez de membros curvados para o lado como nos lagartos e crocodilos.

II) Alguns dinossauros tinham pulmões complexos como os das aves, o que os permitiria respirar de forma mais eficiente – como seria necessário para uma criatura muito ágil.
III) Com base nas proporções de seus membros, os dinossauros poderiam correr em alta velocidade (ao contrário de lagartos e crocodilos).

No entanto, valendo-se de outras áreas como a histologia, patologia e microscopia, Bakker notou, ao observar finas secções de ossos de dinossauros sob o microscópio, que esses fósseis mostravam uma complexa estrutura e uma rica alimentação sanguínea que teria permitido um rápido fluxo vital de minerais entre os ossos e o plasma sanguíneo – exatamente como se vê nos mamíferos modernos.

Partindo então para o campo da ecologia, Bakker analisou a relação entre os predadores e suas possíveis presas em amostras representativas de comunidades pré-históricas ao longo de períodos de tempo nos registros fósseis e em dados atuais. Comparando comunidades modernas de endotermos (gatos) e ectotermos (lagartos predadores), ele calculou que o primeiro grupo consumia em média um número de presas dez vezes maior durante o mesmo intervalo de tempo que o segundo. Ao analisar as comunidades pré-históricas (permianas), contando os fósseis dessa idade em coleções de museus, ele chegou a números muito similares de potenciais presas e predadores. Além disso, um estudo sobre algumas comunidades de dinossauros cretáceos revelou que deveria haver um número consideravelmente maior de possíveis presas comparado ao de predadores. Bakker chegou a uma conclusão muito parecida após analisar as comunidades de mamíferos do Período Terciário.

Com base nesses estudos bastante simples, ele sugeriu que os dinossauros (ou pelo menos os predadores) deveriam ter atributos metabólicos mais similares aos dos mamíferos e que, para manter um certo equilíbrio entre as comunidades, seria necessário que existissem presas suficientes para suprir o apetite dos predadores.

Voltando-se para os campos da geologia e da "nova" paleobiologia, Bakker também procurou sinais macroevolutivos (padrões abundantes de mudança em larga escala) nos registros fósseis. Analisou os períodos de origem e extinção dos dinossauros em busca de fatores que pudessem ter afetado a suposta fisiologia dos animais. A origem dos dinossauros, que ocorreu no final do Triássico (225 Ma), coincidiu com o surgimento de algumas das criaturas mais parecidas com mamíferos da época, sendo que o primeiro mamífero verdadeiro surgiu por volta de 200 Ma. Bakker sugeriu que os dinossauros teriam se firmado como um grupo bem-sucedido pelo simples fato de terem desenvolvido um metabolismo endotérmico um pouco antes do que os mamíferos; caso contrário, os dinossauros nunca teriam como competir com os primeiros verdadeiros mamíferos endotérmicos. Para sustentar ainda mais essa ideia, ele apontou que os primeiros mamíferos se resumiram a pequenos animais insetívoros, necrófagos e provavelmente noturnos durante todo o Mesozoico, enquanto os dinossauros dominavam a Terra, e só alcançaram a incrível diversidade que conhecemos hoje depois que os dinossauros foram extintos no final do Cretáceo. Com base nisso, Bakker argumentou que os dinossauros simplesmente *precisariam* ter sido endotérmicos, ou os mamíferos endotérmicos de fisiologia "superior" teriam conquistado o planeta, tomando o lugar dos dinossauros no início do Jurássico. Além disso, após estudar a época marcada pela extinção dos dinossauros, no final do Cretáceo (65 Ma), Bakker afirmou ter encontrado evidências de que o mundo teria passado por um período temporário de baixas temperaturas globais. Como na visão dele os dinossauros eram criaturas enormes, endotérmicas e "nuas" (ou seja, tinham os corpos cobertos por escamas e não por pelos ou penas para mantê-los aquecidos), eles não teriam conseguido sobreviver a esse período de rápido resfriamento e acabaram sendo extintos, enquanto os mamíferos e aves chegaram até os dias de hoje. Os dinossauros eram grandes demais para se abrigarem em tocas como os répteis modernos que claramente conseguiram sobreviver à catástrofe do Cretáceo.

Combinando todas essas linhas de raciocínio, Bakker conseguiu argumentar que, longe de serem lentos e idiotas, os dinossauros foram criaturas inteligentes e ativas, que tomaram o mundo dos mamíferos tradicionalmente encarados como superiores nos últimos 160 milhões de anos do Mesozoico. Em vez de terem sido derrubados pela ascensão evolutiva dos mamíferos superiores, eles apenas teriam perdido o domínio sobre o planeta como resultado de um bizarro evento climático 65 milhões de anos atrás.

Obviamente, a pauta das pesquisas paleobiológicas agora tem uma base intelectual muito mais ampla. Os "especialistas" não podem mais se restringir apenas ao conhecimento específico e limitado de suas próprias áreas de especialização. No entanto, essa parte da história não acaba aqui. John Ostrom teve ainda um outro papel importante nesta saga.

Ostrom e o *Archaeopteryx*: a primeira ave da história

Depois de ter analisado o *Deinonychus*, Ostrom continuou investigando a biologia dos dinossauros. No começo dos anos 70, um pequeno fóssil de um museu alemão acabaria trazendo-o de volta ao centro de acalorados debates. Enquanto estudava coleções de répteis voadores, Ostrom encontrou um espécime, um fóssil extraído de uma mina na Baviera, que não era de um pterossauro, ou réptil voador, como sugeria sua identificação. Tratava-se de um pedaço de uma perna, incluindo o fêmur, a articulação do joelho e a tíbia. Os detalhes anatômicos dos ossos lembraram Ostrom do *Deinonychus*. Após uma melhor análise, ele também conseguiu identificar leves marcas de penas no fóssil! Esse era claramente um espécime não identificado da mítica ave primitiva, o *Archaeopteryx* (Figura 13). Empolgado com essa nova descoberta, e intrigado pela aparente semelhança entre os esqueletos, Ostrom começou a revisar com cuidado todos os espécimes conhecidos do *Archaeopteryx*.

Quanto mais estudava o *Archaeopteryx*, mais Ostrom se convencia do quanto eram grandes as similaridades entre

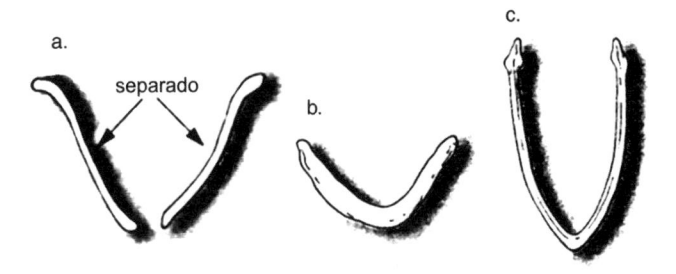

17. Comparação entre as clavículas de (a) dinossauros terópodes primitivos, (b) *Archaeopteryx* (clavículas fundidas) e (c) aves modernas.

essa criatura e o *Deinonychus*, um dinossauro predador muito maior (Figura 16). Isso o levou a reavaliar o monumental e até então dominante trabalho escrito sobre a origem das aves pelo ornitólogo e anatomista Gerhard Heilmann, em 1926. As inúmeras semelhanças anatômicas entre os dinossauros terópodes carnívoros e as aves primitivas levaram Ostrom a questionar a conclusão feita por Heilmann de que essas semelhanças só poderiam ser o resultado de uma convergência evolutiva.

Com base em descobertas mais recentes, Ostrom conseguiu mostrar que, na verdade, um grande número de dinossauros tinha clavículas pequenas, derrubando o argumento proposto por Heilmann de que as aves não teriam nenhum dinossauro entre seus ancestrais. Encorajado por essa nova descoberta e por suas novas observações detalhadas dos terópodes e do *Archaeopteryx*, Ostrom lançou um amplo ataque contra a teoria de Heilmann com uma série de artigos publicados no início dos anos 70. Isso fez com que pouco a pouco a grande maioria dos paleontólogos aceitasse a ideia de que as aves tinham dinossauros terópodes como ancestrais, o que sem dúvida teria deixado o perspicaz Huxley muito contente e Owen profundamente irritado.

A grande similaridade anatômica, e por consequência biológica, entre os terópodes e as aves primitivas incendiou ainda mais a controvérsia sobre o metabolismo dos dinossauros. As aves são criaturas muito ativas e endotérmicas, então os dinossauros terópodes também poderiam ter um metabolismo acelerado. A separação antes indiscutível entre os pássaros emplumados – com anatomias e biologias singulares, que os distinguiam de todos os outros vertebrados como uma classe distinta, a das Aves – e os membros mais comuns da classe Reptilia (dos quais os dinossauros são apenas um grupo extinto) deixou de ser tão clara. A conexão entre esses dois grupos se tornou ainda mais evidente nos últimos anos (como veremos no Capítulo 6).

Capítulo 3

Uma nova concepção para o *Iguanodon*

O ressurgimento da paleobiologia nos anos 60 e as novas teorias sobre os dinossauros suscitadas pelo importante trabalho de John Ostrom serviram como estímulo para que algumas das primeiras descobertas sobre o tema fossem reavaliadas.

A descrição feita por Louis Dollo de suas incríveis descobertas sobre o *Iguanodon* em Bernissart criou a imagem de uma gigantesca criatura (com cinco metros de altura e onze de comprimento) similar a um canguru. O dinossauro tinha:

> ...fortes pernas traseiras e uma enorme cauda que o ajudava a manter o equilíbrio... [e] era um herbívoro... o animal era capaz de pegar ramos de folhas com a língua comprida e então os puxava para dentro da boca, onde eram cortados pelo bico.

O *Iguanodon* era visto como um devorador de folhas pré-histórico, algo similar às preguiças gigantes da América do Sul em um passado recente e às girafas nos dias de hoje. O próprio Dollo chegou a se referir ao *Iguanodon* como uma "girafa reptiliana". No entanto, quase todos os aspectos dessa imagem sobre o animal estavam incorretos ou gravemente mal interpretados.

Bernissart: um cemitério na ravina?

Alguns dos primeiros trabalhos em Bernissart se concentraram nas extraordinárias circunstâncias da descoberta original. Os dinossauros foram encontrados em uma mina de carvão a profundidades que variavam de 322 a 356 metros (Figura 18). Isso foi inesperado, pois os veios de carvão que estavam sendo escavados eram paleozoicos e fósseis de dinossauros, é claro, não são encontrados em rochas desse período. No entanto, os esqueletos de *Iguanodon* não foram encontrados nos veios de carvão em si, mas sim em um bolsão de xisto cretáceo que se acumulou entre as rochas mais antigas. Como havia um interesse comercial em se avaliar a extensão dessas camadas argilosas e até que ponto elas poderiam afetar a extração do carvão, os geólogos mineradores começaram a mapear a área.

Amostras representativas da mina, extraídas durante essas investigações geológicas, sugeriram que as camadas horizontais de rochas paleozoicas (com seus valiosos veios de carvão) eram cortadas bruscamente por jazidas de xisto mesozoico (finas lâminas de argila). Essas amostras revelaram, pela primeira vez, a formação de ravinas com laterais muito íngremes entalhadas naquelas rochas antigas e serviram como base para a dramática e instigante hipótese de que os dinossauros de Bernissart poderiam ter pertencido a um bando de animais que morreram juntos ao caírem ali (Figura 18). Não sendo um geólogo, Dollo estava mais propenso a acreditar na teoria de que aquelas criaturas teriam vivido e morrido ali dentro daquele vale estreito. No entanto, a versão mais dramática teve um maior impacto e foi floreada ainda mais com sugestões de que os dinossauros teriam caído ravina abaixo enquanto tentavam fugir de enormes predadores (megalossauros) ou de alguma outra coisa, como um incêndio na floresta. Isso não era mera ficção: fragmentos extremamente raros de um enorme dinossauro predador foram encontrados nas mesmas jazidas onde estavam os *Iguanodon*, assim como pedaços de carvão vegetal entre alguns dos depósitos fragmentados na região entre as rochas com os veios de carvão e as jazidas argilosas onde estavam os dinossauros.

As descobertas em Bernissart representaram um imenso desafio logístico nos anos 1870 e no início dos 1880. Esqueletos completos de dinossauros com até onze metros de comprimento foram encontrados no fundo de uma mina muito profunda, atraindo a atenção de todo o mundo na época. Mas como eles foram escavados e estudados?

Uma iniciativa conjunta foi organizada entre o governo belga, que patrocinou os cientistas e técnicos do Museu Real

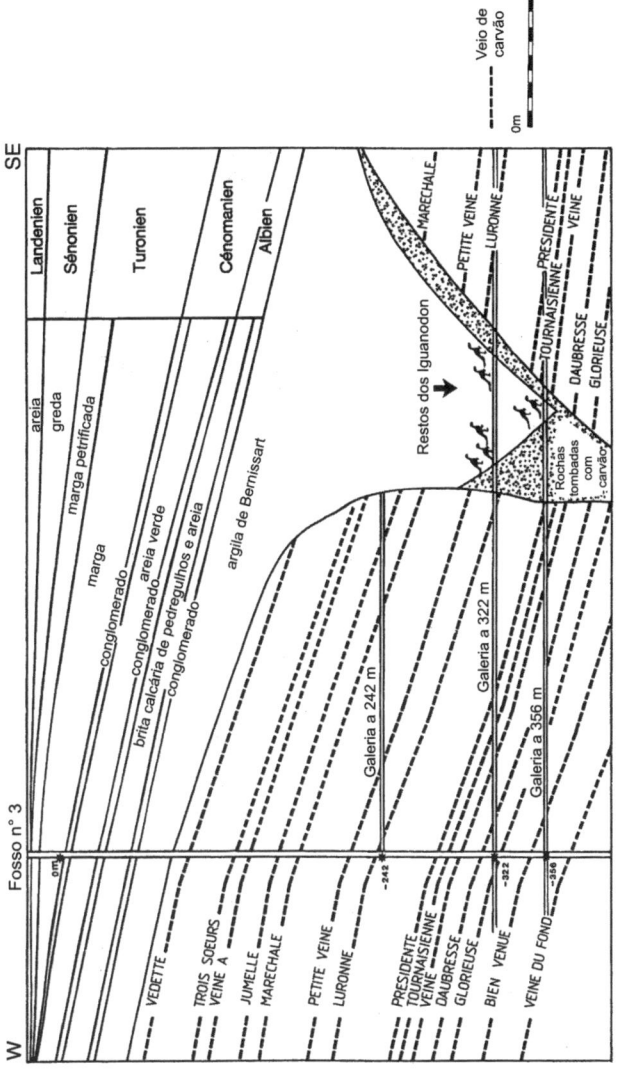

18. Secção geológica da mina de Bernissart.

de História Natural de Bruxelas, e os mineradores e engenheiros da mina de carvão em Bernissart. Cada esqueleto foi exposto com cuidado no lugar onde estava, registrado sistematicamente em diagramas e então dividido em blocos menores de mais ou menos um metro quadrado. Protegidos por um revestimento de gesso de Paris, todos esses blocos foram numerados e registrados em diagramas (Figura 19) antes de serem retirados da mina e levado para Bruxelas.

Em Bruxelas, os blocos foram reunidos a partir dos registros como um imenso quebra-cabeça. O gesso foi removido a muito custo para revelar os ossos de cada esqueleto. Nesse ponto, um artista, Gustave Lavalette, contratado especialmente para o projeto, desenhou os esqueletos como estavam quando foram encontrados antes que o material passasse por qualquer outro processo (Figura 20). Alguns esqueletos foram extraídos por inteiro do xisto e montados, criando magníficas exibições que podem ser vistas até hoje no (rebatizado) Instituto Real de Ciências Naturais no Parc

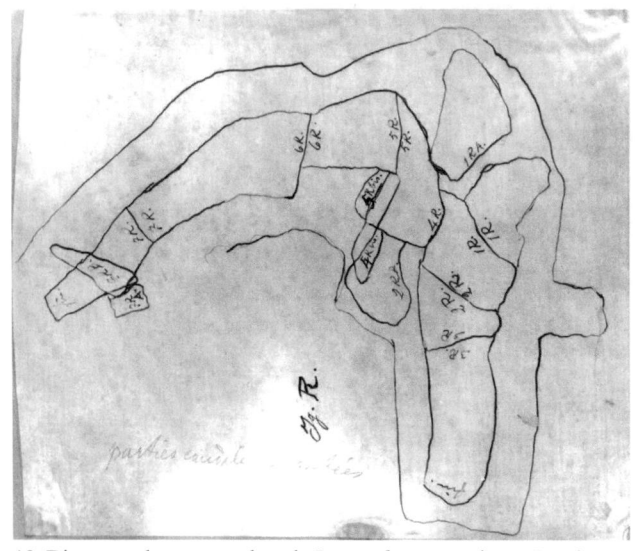

19. Diagrama de um esqueleto de *Iguanodon* escavado em Bernissart.

Léopold, em Bruxelas. Outros esqueletos tiveram a matriz argilosa retirada de um lado e foram dispostos sobre andaimes de madeira que apoiavam os enormes blocos de gesso, imitando as posições em que foram encontrados originalmente na mina de Bernissart.

Os diagramas originais de cada escavação, assim como algumas secções geológicas brutas e esboços das descobertas, ainda estão nos arquivos do Instituto Real em Bruxelas. Essas informações foram "desenterradas", dessa vez para ajudar na busca de pistas sobre a natureza geológica do local onde os dinossauros foram encontrados.

A geologia dessa área onde ficava a mina no vilarejo de Bernissart, na bacia de Mons, já havia sido estudada antes de os dinossauros serem encontrados. Uma ampla análise feita em 1870 apontou que os estratos contendo carvão na bacia de Mons eram cortados por "fendas" (buracos subterrâneos formados naturalmente). Cada "fenda" tinha uma extensão limitada e era preenchida por xisto. Concluiu-se então que

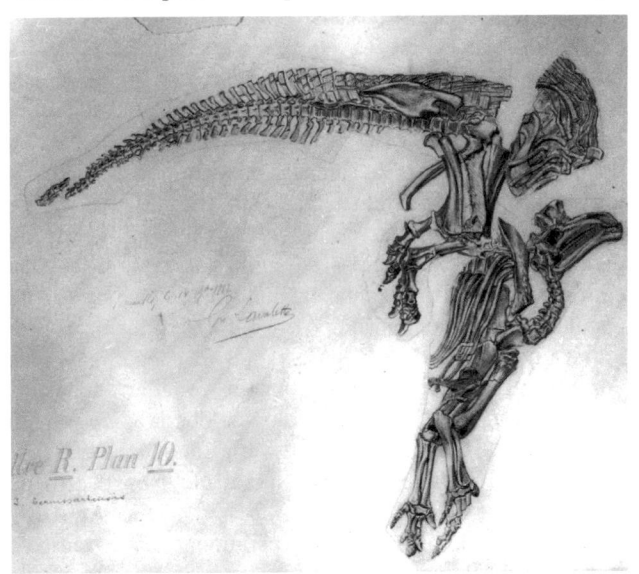

20. Esqueleto do *Iguanodon* da Figura 19 desenhado por Lavalette.

elas teriam sido formadas pela dissolução de rochas paleozoicas no subsolo. Os tetos de cavernas subterrâneas como essas costumam desabar de tempos em tempos devido ao peso das rochas, preenchendo os espaços com seja lá qual for o material presente acima: neste caso, argilas macias ou xistos. O desabamento desses sedimentos já havia sido registrado na área de Mons sob a forma de choques fortes como terremotos. Por uma grande coincidência, um pequeno "terremoto" desse tipo aconteceu enquanto os dinossauros estavam sendo escavados em agosto de 1878 em Bernissart. Foram registrados desabamentos menores em galerias, assim como inundações; mas os mineiros e cientistas logo conseguiram retomar os trabalhos assim que a água foi extraída.

Apesar de todo o conhecimento geológico local, é muito curioso notar como os cientistas do Museu de Bruxelas interpretaram incorretamente a natureza geológica da "fenda" de Bernissart. Os engenheiros da mina extraíram amostras geológicas brutas dos túneis onde foram encontrados os dinossauros. Essas amostras revelavam a existência de uma camada de dez a onze metros de brecha (jazidas fragmentadas contendo blocos irregulares de granito e carvão misturados com lodo e argila, as "rochas tombadas com carvão" da Figura 18) logo ao lado dos veios de carvão, pouco antes de chegar às camadas de xisto que desciam em um ângulo muito íngreme, mas estratificadas com maior regularidade, onde foram encontrados os fósseis. A partir do meio da "fenda", as jazidas de argila passavam a ter uma configuração mais horizontal e voltavam a se inclinar em um ângulo íngreme na direção oposta conforme o túnel se aproximava do outro lado da "fenda" antes de chegar mais uma vez a uma região de brecha até por fim voltar aos depósitos contendo carvão. A simetria geológica observada ao longo da "fenda" é exatamente o que deveria ser encontrado caso sedimentos superiores tivessem desabado para dentro de uma grande cavidade.

Os sedimentos onde os dinossauros estavam também contradizem diretamente a hipótese da ravina ou de um vale com um rio. Camadas finas e estratificadas de xisto contendo fósseis em geral são depositadas em ambientes de pouco movimento com águas relativamente rasas, provavelmente mais similares a um grande lago ou lagoa. Não há evidência alguma que sustente a suposta morte catastrófica de animais caindo em bando ravina abaixo. Na verdade, os esqueletos dos dinossauros foram encontrados em camadas separadas de sedimentos (junto com peixes, crocodilos, tartarugas, milhares de impressões de folhas e até mesmo alguns fragmentos de insetos raros), mostrando que eles não haviam morrido ao mesmo tempo e não teriam como ter pertencido a um mesmo bando.

Um estudo feito sobre a orientação dos esqueletos fossilizados dentro da mina sugere que as carcaças dos dinossauros foram trazidas até o local de direções diferentes e em momentos distintos. Era como se a direção do fluxo do rio que transportou aquelas carcaças tivesse mudado de tempos em tempos, da mesma forma como acontece nos sistemas fluviais de águas lentas atualmente.

Portanto, desde os anos 1870, já estava muito claro que não existiam "ravinas" ou "vales com rios" onde os dinossauros de Bernissart teriam morrido. É fascinante perceber como a dramática descoberta desses dinossauros pareceu exigir uma explicação de igual vulto para as suas mortes, e o quanto essas fantasias foram aceitas sem qualquer tipo de crítica, mesmo indo contra todas as evidências científicas disponíveis na época.

A concepção do *Iguanodon* como uma gigantesca criatura similar a um canguru se tornou emblemática graças à generosa distribuição de moldes de esqueletos em tamanho real para vários museus do mundo todo. Mas será que as bases dessa concepção poderiam se sustentar após um estudo mais aprofundado?

Uma análise da cauda

Ao se reexaminar as evidências oferecidas pelos esqueletos, a anatomia dos fósseis de Bernissart revela algumas características intrigantes. Uma das mais óbvias diz respeito à enorme cauda do *Iguanodon*. A famosa reconstrução do animal (Figura 12) o mostra acocorado, de maneira muito similar a um canguru, usando a cauda e as pernas traseiras como um tripé. Para adotar essa postura, a cauda se curva para o alto no quadril. Por outro lado, todas as evidências fósseis e documentais sugerem uma postura na qual o animal ficaria com a cauda basicamente reta ou um tanto curvada para baixo. Isso pode ser visto claramente nos espécimes montados em blocos de gesso no museu e nos belíssimos esboços a lápis feitos a partir de seus esqueletos antes de serem exibidos (Figura 20). Alguns poderiam argumentar, é claro, que essa postura seria apenas um resultado das condições de preservação do esqueleto, mas essa hipótese certamente não se aplica aqui. A espinha dorsal da criatura era "sustentada" em cada lado por uma série de longos tendões ósseos em forma de treliça, que mantinham a coluna praticamente reta, como pode ser visto na Figura 20. Portanto, a pesada cauda musculosa era usada como um enorme contrapeso para equilibrar a parte dianteira do corpo na altura do quadril. Na verdade, a curvatura para o alto vista nas reconstruções feitas por Dollo seria anatomicamente impossível para esses animais em vida. Uma análise cuidadosa do esqueleto revelou que a cauda foi deliberadamente quebrada em vários pontos para simular essa curvatura para o alto – sugerindo que Louis Dollo poderia ter tentado forçar o esqueleto a se encaixar em suas próprias teorias pessoais.

Essa descoberta põe em dúvida todo o resto da suposta postura do esqueleto. Com uma cauda reta para que o corpo possa ter um formato mais "natural", a inclinação geral do dinossauro também é alterada drasticamente, sugerindo uma coluna em uma posição mais horizontal e equilibrada no quadril. Como resultado disso, o peito ficaria mais baixo, levando os braços e mãos mais para perto do chão e suscitando perguntas sobre suas prováveis funções.

Mãos ou pés?

A mão do *Iguanodon* se tornou folclórica por um motivo óbvio. O polegar cônico em formato de espinho foi identificado no princípio como um chifre similar ao de um rinoceronte no nariz do animal (Figura 9) e acabou sendo imortalizado nos gigantescos modelos de concreto instalados no Palácio de Cristal em Londres (Figura 2, Capítulo 1). Esse osso só passou a ser visto como parte da mão do animal em 1882, com a primeira reconstrução definitiva do *Iguanodon* feita por Dollo. No entanto, a mão (e todo o membro dianteiro) desse dinossauro ainda guardava mais algumas surpresas.

O polegar, ou primeiro dedo, era composto por um grande osso cônico dotado de uma garra que despontava em um ângulo reto em relação ao resto da mão e tinha uma mobilidade muito limitada (Figura A). O segundo, terceiro e quarto dedos são muito diferentes: três longos ossos (metacarpais) formam a palma da mão e são fortemente unidos por ligamentos robustos; os dedos contam com articulações nas pontas desses ossos metacarpais e são curtos, atarracados e terminam em cascos chatos e arredondados. Quando esses ossos foram manipulados para que a verdadeira amplitude de seus movimentos fosse avaliada, descobriu-se que os dedos se estendiam para fora (um para longe do outro) e com certeza não poderiam ser flexionados para fechar o punho ou segurar qualquer coisa como antes se imaginava. Essa configuração específica parecia similar ao que já havia sido visto nos *pés* desse animal: os três dedos centrais de cada pé têm formatos e juntas similares, estendem-se da mesma maneira e possuem cascos achatados. O quinto dedo é diferente de todos, pois fica bem separado dos outros quatro e desponta em um ângulo bastante aberto em relação ao resto da pata, além de ser longo, ter uma grande amplitude de movimentos em cada articulação e provavelmente ser bastante flexível.

Essa nova análise me levou a revisar as ideias anteriores e concluir que a mão do *Iguanodon* é uma das mais peculiares de todo o reino animal. O polegar era sem dúvida alguma uma impressionante arma de defesa similar a um punhal (Figura 21B); os três dedos centrais eram claramente adaptados para aguentar peso (em vez de segurar coisas como as mãos em geral fazem); e o quinto dedo era longo e

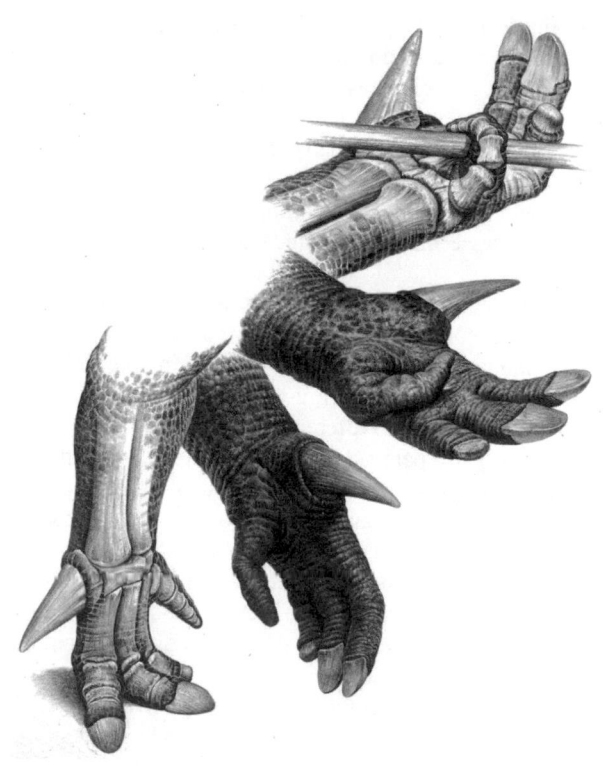

21A. Mão de um *Iguanodon*, mostrando suas várias habilidades.

flexível o bastante para conseguir segurar objetos como um dedo preênsil (Figura 21A). O conceito de que as mãos do *Iguanodon* poderiam ser usadas como pés para andar, ou pelo menos sustentar uma parte de seu peso, foi revolucionário. Mas seria verdade? Isso motivou novas pesquisas sobre o braço e o ombro dessa criatura em busca de novas evidências que pudessem confirmar essa reinterpretação tão radical.

Para começar, o pulso se revelou muito interessante. Os ossos são unidos, formando um bloco ósseo em vez de se organizarem em uma fileira de ossos lisos e arredondados capazes de deslizar entre si para permitir que a mão girasse

21B. O *Iguanodon* usando o polegar em forma de punhal.

contra o antebraço. Todos os ossos individuais do pulso são interligados por um tecido ósseo e reforçados ainda mais na parte externa por ligamentos ósseos. Esses traços claramente serviam para fixar o pulso com firmeza aos ossos da mão e do antebraço, resistindo assim às forças que passavam por eles enquanto sustentavam o peso do animal, como seria necessário caso as mãos fossem de fato utilizadas como pés.

Os outros ossos do braço são extremamente robustos, também para sustentar o peso do corpo, em vez de permitir uma maior flexibilidade como seria mais normal em braços comuns. A rigidez do antebraço traz implicações importantes para a forma como o animal deveria firmar as mãos no chão: os dedos ficariam apontando para fora e as palmas para dentro, uma consequência incomum resultante dessa conversão de mãos em pés. Essa postura um tanto desengonçada das mãos foi confirmada após estudos do formato das pegadas deixadas pelas patas dianteiras desse dinossauro.

O osso do braço (úmero) é imenso, lembrando uma pilastra, e mostra sinais de que era usado para ancorar os enormes músculos dos braços e dos ombros. Esse osso também é longo, com quase três quartos do comprimento total do membro traseiro. O verdadeiro tamanho dos braços foi subestimado nas reconstruções originais dos esqueletos porque esses membros ficavam curvados contra o peito e sempre *pareciam* ser menores do que de fato eram.

Por fim, os ossos do ombro são grandes e robustos, o que faz todo sentido se os braços eram usados como pernas. Mas os ombros mostram outra característica inesperada. Alguns dos maiores esqueletos encontrados em Bernissart tinham um osso irregular entre os tecidos moles no centro do peito entre as juntas dos ombros. Esse era um osso de origem patológica, resultado de um estresse contínuo criado no interior do peito enquanto o animal andava de quatro (fenômeno conhecido como ossificação interesternal).

Ao reavaliarmos a postura do *Iguanodon* à luz dessas observações, fica claro que uma postura mais natural da coluna seria horizontal, com o peso do corpo distribuído entre a longa espinha dorsal e equilibrado em grande parte na altura do quadril e apoiado pelas enormes e robustas pernas traseiras. Os tendões ossificados distribuídos ao longo da coluna, acima do peito, quadril e cauda, claramente agiam como cabos tensores para distribuir o peso entre a espinha dorsal. Essa postura permitia que os membros dianteiros chegassem ao chão e fossem usados para apoiar o peso do corpo quando esses animais estavam parados. É provável que o *Iguanodon* se movesse devagar e de quatro, pelo menos na maior parte do tempo (Figura 22).

22. Nova reconstrução do *Iguanodon*.

Tamanho e sexo

As descobertas feitas em Bernissart são notáveis por conterem dois tipos de *Iguanodon*. Um deles (o *Iguanodon bernissartensis* – literalmente, "*Iguanodon* de Bernissart") era grande e robusto, e estava representado por mais de 35 esqueletos; o outro (*Iguanodon atherfieldensis,* antes conhecido como *I. mantelli* – literalmente, "*Iguanodon* de Mantell") era menor e mais frágil (com cerca de seis metros de comprimento), e estava representado por apenas dois esqueletos.

Esses dois tipos de esqueletos foram encarados como espécies distintas até serem reavaliados nos anos 20 pelo Barão Franz Nopcsa, um nobre paleontólogo da Transilvânia. A descoberta de dois tipos muito parecidos de dinossauros que claramente viveram no mesmo lugar e na mesma época o levou a fazer uma pergunta muito simples, porém óbvia: não seriam apenas machos e fêmeas da mesma espécie? Nopcsa tentou determinar as diferenças sexuais em fósseis de diversas espécies. No caso do *Iguanodon* de Bernissart, ele concluiu que os espécimes menores e mais raros eram os machos e que os esqueletos maiores e mais numerosos pertenciam às fêmeas. Ele observou, com toda razão, que as fêmeas de répteis são muitas vezes maiores do que os machos. A explicação biológica por trás disso é que as fêmeas em geral precisam produzir um grande número de ovos com cascas grossas, o que consome recursos consideráveis do corpo antes da postura.

Mesmo sendo bastante plausível, é muito difícil comprovar uma suposição como essa. A não ser pelo tamanho, que varia muito entre os répteis como um todo e não é nem de longe um traço tão consistente quanto Nopcsa tentava afirmar, as características usadas para se distinguir os sexos entre répteis vivos são encontradas em geral na anatomia dos tecidos moles dos próprios órgãos sexuais, na coloração do couro ou no comportamento do animal. Isso trazia grandes problemas, já que muito raramente os fósseis chegam a preservar elementos desse tipo.

A evidência mais importante nesse sentido seria a descoberta de fósseis anatômicos dos órgãos sexuais do *Iguanodon* – o que é muito pouco provável, infelizmente. Além disso, como nunca será possível ter certeza sobre a biologia e o comportamento do animal, esses fósseis precisam ser vistos com o devido cuidado e também com realismo. Por enquanto, é mais seguro nos limitarmos a registrar as diferenças (embora ainda possamos ter nossas próprias suspeitas) encontradas nos fósseis.

Um estudo cuidadoso dos espécimes maiores e mais numerosos de *Iguanodon* encontrados em Bernissart revelou que alguns deles eram menores do que a média. Um estudo sobre as proporções de cada um desses esqueletos revelou uma mudança inesperada na taxa de crescimento. Espécimes menores e possivelmente mais jovens tinham braços mais curtos do que o esperado. Esses animais menos maduros de braços comparativamente curtos poderiam ser mais propensos a correr com as patas traseiras. No entanto, ao chegarem ao tamanho adulto, eles poderiam se tornar cada vez mais acostumados a andar de quatro. Isso também está de acordo com o fato de que os casos de ossificação interesternal só foram observados em indivíduos maiores e possivelmente adultos que passavam a maior parte do tempo andando de quatro se comparados aos indivíduos menores e mais jovens.

Tecidos moles

Os fósseis de tecidos moles são raros e encontrados apenas sob condições bastante específicas de preservação, o que levou os paleontólogos a desenvolverem técnicas para decifrar as pistas sobre a biologia dos dinossauros tanto de maneira direta quanto indireta.

Louis Dollo relatou ter encontrado pequenos fragmentos com marcas deixadas pelo couro do *Iguanodon* em partes dos fósseis. Vários esqueletos de Bernissart são mostrados em uma clássica "pose de morte" com seus poderosos músculos do pescoço contraídos pelo *rigor mortis,* puxando o pescoço em uma curva aguda e virando a cabeça para o alto e para trás. O fato de essa postura ter sido mantida entre o momento da morte e o do soterramento do animal revela que a carcaça ficou enrijecida e ressecada. Sob essas condições, o couro duro da criatura teria formado uma superfície rígida contra a qual camadas finas de lama teriam se moldado durante o soterramento do corpo. Se os sedimentos que cobriam o animal fossem compactados o bastante para manter sua forma antes do inevitável processo de putrefação dos tecidos orgânicos dos dinossauros, uma impressão (simples como um molde de gesso) com a textura da superfície do couro acabaria sendo preservada.

23. Marca deixada pelo couro de um *Iguanodon*.

No caso do *Iguanodon,* a impressão preservada com a textura do couro confirmou o que se imaginava: ela mostra uma cobertura flexível com pequenas escamas muito similares às que podem ser vistas em lagartos modernos (Figura 23). Obviamente, a decomposição do tecido original fez com que todo e qualquer pigmento do couro também tenha sido eliminado.

Em conjunto com detalhado trabalho necessário apenas para se descrever os ossos do esqueleto do dinossauro, também é possível analisar certas partes do corpo, em especial os quadris, ombros e cabeça, em busca de pistas sobre a estrutura muscular. O motivo disso é que nos lugares onde os músculos e tendões se prendem à superfície dos ossos, sinais indicativos como formações ósseas elevadas ou pequenas cicatrizes musculares costumam se formar. Os ossos são feitos de um material incrivelmente flexível. O esqueleto precisa adaptar seu formato conforme o corpo cresce, ou quando se regenera após um trauma como uma fratura. O que talvez seja menos óbvio é o fato de que os ossos continuam sendo remodelados em resposta aos padrões de estresse e esforço que estão sempre em mudança mesmo após o corpo ter parado de crescer. Por exemplo, o corpo de alguém que faz levantamento de peso desenvolverá depósitos de ossos para aguentar uma carga cada vez maior, especialmente se esse treinamento se estender por um período continuado de tempo.

Em áreas específicas do corpo, onde músculos grandes exercem força sobre o esqueleto, as cicatrizes nos ossos podem ser muito evidentes, até mesmo em fósseis, servindo como um mapa para que parte da musculatura original seja reconstruída (Figura 24). Essas reconstruções são feitas com base nas estruturas musculares observadas em animais vivos similares e concepções hipotéticas quanto às diferenças ou singularidades anatômicas presentes no animal fossilizado em questão.

Embora não seja um método cientificamente ideal, um exemplo desse tipo de abordagem para se tentar entender a musculatura do *Iguanodon* seria usar como ponto de partida as características de dois de seus parentes vivos mais

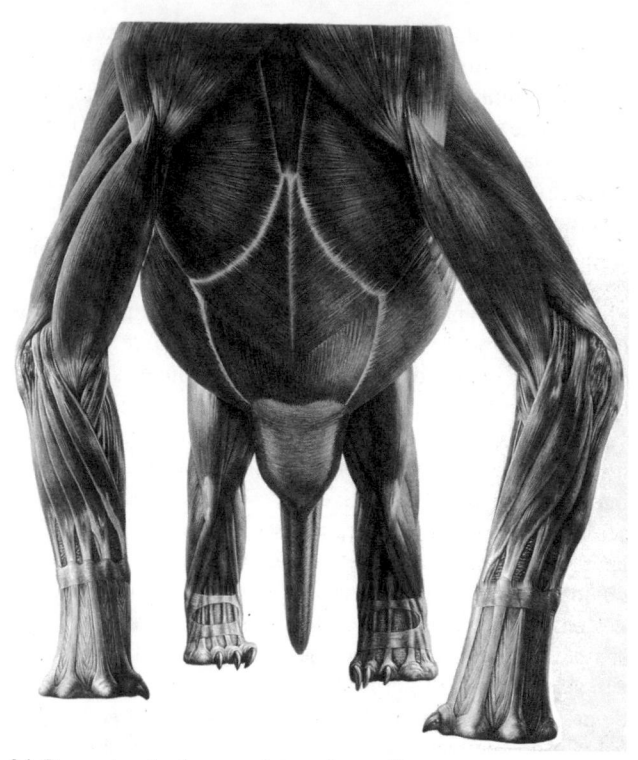

24. Reconstrução da musculatura de um dinossauro.

próximos: pássaros e crocodilos. Claramente, nenhum desses animais representa, com qualquer precisão, a anatomia do *Iguanodon*: as aves são muito adaptadas para voar, não possuem dentes, têm caudas minúsculas e músculos bastante modificados no quadril e nas pernas; enquanto os crocodilos, embora tenham um formato mais reptiliano, são predadores aquáticos altamente adaptados a esse meio. Apesar disso, esses animais podem oferecer uma estrutura geral – conhecida como *Extant Phylogenetic Bracket*, ou EPB, uma sistematização filogenética produzida a partir de animais viventes – para uma reconstrução anatômica que pode ser complementada pelos detalhes mais específicos do *Iguanodon*.

Extant Phylogenetic Bracket (EPB)

Ao se analisar uma árvore filogenética dos parentes mais próximos dos dinossauros, fica claro que os dinossauros surgiram *depois* dos crocodilos e *antes* das primeiras aves. Assim sendo, os dinossauros estão posicionados entre os crocodilos e as aves em termos evolutivos.

Os traços anatômicos compartilhados pelas aves e crocodilos modernos também devem estar presentes nos dinossauros por eles estarem literalmente "no meio" desses dois grupos. Certas vezes, esse tipo de abordagem pode ajudar a deduzir traços biológicos entre grupos extintos mesmo quando não existem evidências físicas claras dessas características. No entanto, como os dinossauros podem ser criaturas bastante distintas se comparadas aos crocodilos e às aves de hoje, essa abordagem deve ser utilizada com cuidado.

Esse modelo inclui evidências da estrutura física geral (o formato e disposição dos ossos) do esqueleto ou do crânio e a influência que esses elementos teriam sobre a distribuição e funcionamento dos músculos. Reconstruções como essa também precisam levar em conta outros fatores, como o método proposto de locomoção. Por exemplo, os detalhes nas articulações entre os ossos dos membros, um estudo sobre a simples mecânica associada ao posicionamento e à amplitude dos movimentos possibilitados aos membros em cada junta; e, em alguns casos, as evidências reais deixadas pelos dinossauros na forma de pegadas fossilizadas indicando como eles realmente se locomoviam.

Enquanto eu examinava vários fragmentos ósseos de iguanodontes nas coleções do Museu de História Natural de Londres, um espécime incomum chamou minha atenção. O fóssil era composto pelos restos fragmentados de um enorme crânio parcial. Alguns dentes expostos na mandíbula superior mostravam que o animal em questão era um *Iguanodon*, mas o crânio parecia estar praticamente inutilizado em ter-

25. À esquerda: visão oblíqua do molde natural da cavidade craniana do *Iguanodon*. À direita: esboço da cavidade craniana mostrando as estruturas auriculares, nervos, vasos sanguíneos e lóbulos olfativos.

mos anatômicos. Por curiosidade, decidi cortar o espécime ao meio para ver se alguma parte da anatomia interna poderia estar mais bem-preservada. O que foi revelado acabou sendo uma surpresa muito interessante. Embora os ossos estivessem quebrados e erodidos, estava claro que esse crânio havia sido enterrado sob uma lama macia e lodosa que se infiltrou em todos os espaços entre os fragmentos. A lama se solidificou, chegando a uma consistência dura como concreto ao longo de milhões de anos. O processo de petrificação foi tão consolidado que esse xisto acabou ficando impermeável, impedindo que a água do solo com minerais se infiltrasse para mineralizar o crânio. Como resultado, os ossos estavam relativamente moles e quebradiços.

Esse tipo específico de preservação ofereceu uma oportunidade incomum para que eu pudesse explorar a anatomia do crânio. Uma cuidadosa retirada dos ossos fragmentados (em vez da matriz de lodo petrificado) revelou o formato dos espaços internos do crânio como um molde natural de xisto (Figura 25), incluindo a cavidade onde antes ficava o cérebro, as passagens para o ouvido interno e muitos vasos sanguíneos e tratos nervosos entrando e saindo da cavidade craniana. Considerando-se que esse animal morreu há cerca de 130 milhões de anos, é impressionante notar como o seu crânio pôde permitir a reconstrução da anatomia dos tecidos moles.

O *Iguanodon* e sua adaptação alimentar

Os primeiros fósseis identificáveis de *Iguanodon* foram dentes com traços típicos de um animal herbívoro; eles tinham o formato de cinzéis para cortar e macerar folhas dentro da boca antes da deglutição.

A necessidade de cortar e macerar vegetais aponta para algumas considerações importantes sobre as dietas de criaturas extintas e algumas das pistas que seus esqueletos podem revelar.

O cérebro do *Iguanodon*

A estrutura da cavidade craniana mostra grandes lóbulos olfativos na frente, sugerindo que o *Iguanodon* tinha um olfato bem desenvolvido. Grandes nervos óticos passavam pela caixa craniana em direção às grandes órbitas oculares, parecendo confirmar a hipótese de que esses animais tinham uma boa visão. Os grandes lóbulos cerebrais indicam um animal ativo e bem coordenado. O molde do ouvido interno mostra canais semicirculares em espiral, responsáveis pelo equilíbrio e por estruturas em forma de hastes que faziam parte do sistema auditivo. Sob a cavidade craniana, ficava uma estrutura em forma de bolsa que abrigava a glândula pituitária, responsável pela regulação das funções hormonais. Descendo por cada lado do molde, é possível notar uma série de grandes tubos que representam as passagens pela parede original da caixa craniana (lascada aqui, é claro) para os doze nervos cranianos. Outros tubos menores que atravessam a parede da caixa craniana também foram preservados e pareciam ser responsáveis pela distribuição de um grupo de vasos sanguíneos que levavam o sangue do coração até a parte inferior do cérebro (pela artéria carótida) e, é claro, drenavam o sangue do cérebro pelas enormes veias laterais na cabeça, que desciam de volta pelo pescoço.

Os carnívoros alimentavam-se em grande parte de carne. De um ponto de vista bioquímico e nutricional, uma dieta carnívora é uma das opções mais simples e óbvias para qualquer criatura. A maioria de todos os outros seres vivos do mundo é composta por elementos químicos mais ou menos similares aos presentes nos carnívoros que os consomem. Assim sendo, a carne dessas criaturas é uma fonte de alimento que pode ser assimilada de forma fácil e rápida, desde que a presa possa ser capturada, retalhada na boca usando-se dentes simples como facas (ou até sendo engolida inteira) e digerida rapidamente no estômago em seguida.

Esse processo todo pode ser relativamente rápido e muito eficaz do ponto de vista bioquímico, já que muito pouco é desperdiçado.

Os herbívoros enfrentam problemas um tanto mais complicados. As plantas não são uma fonte alimentar tão nutritiva ou de fácil assimilação quanto a carne de outros animais por serem compostas em grande parte por celulose, o que lhes confere resistência e rigidez. O problema crucial da celulose para esses animais se encontra no fato de que ela é *completamente indigerível*: não há nada em todo o arsenal de substâncias químicas nos nossos corpos que possa dissolver a celulose. Como resultado disso, a celulose presente nas plantas passa direto pelo sistema digestivo dos animais como certas fibras que conhecemos. Sendo assim, como os herbívoros sobrevivem à base do que aparenta ser uma dieta tão pouco promissora?

Os herbívoros conseguiram se adaptar a essa dieta por terem uma série de características específicas. Eles possuem ótimos dentes com superfícies fortes, resistentes, complexas e ásperas, e mandíbulas e músculos poderosos que podem moer os tecidos vegetais entre os dentes para liberar a nutritiva "seiva celular" encontrada dentro das células vegetais. Os herbívoros consomem enormes quantidades de plantas para extrair o máximo possível desse material comparativamente pobre em nutrientes. Como resultado, os herbívoros costumam ter corpos mais bojudos como barris, capazes de abrigar vísceras grandes e complexas necessárias para armazenar o enorme volume de alimento de que precisam, permitindo também que haja tempo o bastante para que todo o material seja digerido. O sistema digestivo dos herbívoros abriga densas populações de micróbios que vivem dentro de câmaras especiais ou bolsas nas paredes das vísceras; o nosso apêndice, por exemplo, é um pequeno vestígio de uma câmara como essa, o que indica que nossos ancestrais primatas deveriam ter uma dieta herbívora. Essa simbiose permite que os herbívoros ofereçam um ambiente ideal e um estoque constante de alimento aos micróbios que, por sua vez, são capazes de sintetizar a celulase, uma enzima que digere a celulose e a converte em açúcares que podem então ser absorvidos pelo animal hospedeiro.

Em termos comparativos, o *Iguanodon* (com onze metros de comprimento e pesando de três a quatro toneladas) era um herbívoro de grande porte e precisaria consumir enormes quantidades de plantas. Levando em conta todas essas informações, podemos agora analisar melhor a forma como o *Iguanodon* consumia e absorvia os alimentos.

Uma teoria recorrente sugeria que o *Iguanodon* usava sua longa língua para puxar a vegetação para dentro da boca. Tudo começou com Gideon Mantell, que estudou uma das primeiras mandíbulas inferiores quase completas desse dinossauro. Esse fóssil mostrava dentes característicos, deixando óbvia sua origem, e uma porção dianteira sem dentes e arredondada como um bocal. Mantell especulou que esse formato arredondado permitiria que a língua deslizasse para dentro e para fora da boca, como em uma girafa. No entanto, Mantell não poderia ter imaginado que a ponta dessa mandíbula recém descoberta estava incompleta e, na verdade, era coberta por um osso pré-dentário que preenchia esse espaço no formato de "bocal".

É curioso notar que, nos anos 20, o trabalho de Louis Dollo deu ainda mais apoio à hipótese de Mantell. Dollo des-

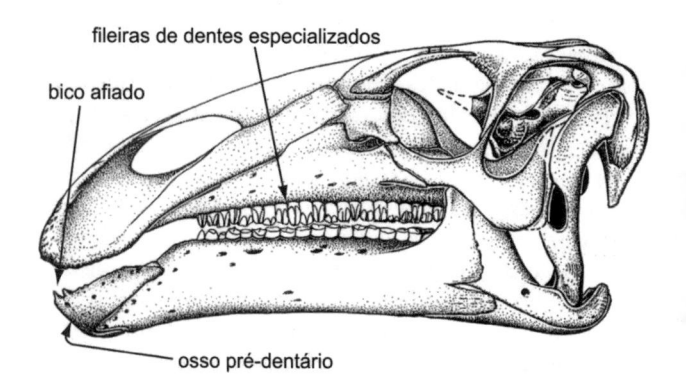

26. Crânio de *Iguanodon*.

creveu uma abertura especial localizada na ponta da mandíbula inferior formando um túnel que passava direto pelo osso pré-dentário, permitindo que a língua comprida, fina e musculosa fosse projetada para arrancar a vegetação e arrastá-la para dentro da boca. Ossos grandes (ceratobranquiais) encontrados entre as mandíbulas do *Iguanodon* agiriam como uma ligação entre os músculos que operavam essa língua. Uma estrutura como essa se encaixava perfeitamente no conceito desenvolvido por Dollo do *Iguanodon* como um consumidor de folhas de árvores altas como uma girafa de língua comprida.

No entanto, uma cuidadosa reavaliação das mandíbulas inferiores em diversos crânios dos *Iguanodon* de Bernissart não encontrou nenhum sinal do túnel pré-dentário descrito por Dollo. O pré-dentário tinha uma borda superior afiada que sustentava um bico córneo similar ao de uma tartaruga. Essa estrutura era usada para comprimir o pré-maxilar, também coberto por um bico sem dentes na ponta da mandíbula superior, fazendo com que esses dinossauros pudessem cortar as plantas das quais se alimentavam com muita eficiência. A vantagem do bico córneo era apresentar um crescimento contínuo (ao contrário dos dentes, que se desgastam pouco a pouco), independente da dureza e abrasividade da vegetação sendo cortada. Os ossos ceratobranquiais ainda precisam de algumas explicações. Nesse caso, eles teriam sido usados para ancorar os músculos que moviam a língua em volta da boca para reposicionar o alimento enquanto era mastigado e empurrá-lo garganta abaixo quando estivesse pronto para ser engolido. Esse é exatamente o mesmo papel desempenhado pelos ossos ceratobranquiais na base da boca dos seres humanos.

Como o Iguanodon mastigava a comida

Além do bico córneo capaz de cortar a vegetação com a extremidade frontal da boca, as laterais da mandíbula possuem uma impressionante fileira de dentes quase paralelos no formato de cinzéis que formam lâminas de bordas irregulares (Figura 26). Cada dente funcional se encaixa com precisão entre os demais, sendo que embaixo de cada um deles existem coroas de substituição prontas para se encaixarem no devido lugar conforme for necessário, como um "pente de munição" de dentes. Esse padrão contínuo de substituição é muito encontrado entre os répteis em geral. No entanto, o que é incomum, até mesmo para os padrões reptilianos, é a forma como os dentes funcionais e substitutos são ligados ao "pente" de crescimento contínuo, como se todos fizessem parte de um único enorme dente similar a um amolador. O atrito entre essas estruturas opostas (superior e inferior) oferece uma superfície trituradora para toda a vida do dinossauro. Em vez de dentes permanentes trituradores resistentes (como nós temos), essa estrutura poderia ser vista como um modelo descartável baseado na constante substituição de dentes individuais mais simples.

As bordas opostas de cada lâmina de dentes têm características que garantem a eficiência do corte. As superfícies internas dos dentes inferiores são revestidas por uma grossa camada de esmalte extremamente duro, enquanto o resto do dente é feito de um material mais macio similar ao dos ossos, chamado dentina. Em contrapartida, os dentes superiores têm a estrutura inversa: a borda *externa* é revestida por uma grossa camada de esmalte, enquanto o resto é composto por dentina. Quando as mandíbulas se fecham, essas lâminas opostas deslizam uma contra a outra: a borda dura e esmaltada dos dentes na mandíbula inferior se encontra com a borda esmaltada cortante dos dentes superiores, cortando/fatiando como as lâminas de uma tesoura (Figura 27). Assim que as bordas esmaltadas se cruzam, elas passam (ao contrário de uma tesoura) contra as partes menos resistentes feitas de dentina das fileiras opostas de dentes, moendo o alimento, o que é ideal para macerar as fibras duras das plantas.

A geometria das superfícies moedoras nos "pentes" superior e inferior é muito interessante. As superfícies desgastadas são oblíquas: as inferiores são voltadas para fora e para cima, enquanto as dos dentes superiores são voltadas para dentro e para baixo. Esse padrão traz consequências interessantes. Em répteis comuns, o fechamento da mandíbula inferior acontece através de um efeito simples de dobradiça, com as mandíbulas de cada lado da boca se fechando ao mesmo tempo em o que se chama de oclusão *isognata*. Se o *Iguanodon* tivesse esse tipo de oclusão, suas duas fileiras de dentes em cada lado da boca simplesmente ficariam encaixadas: com as mandíbulas inferiores por dentro das superiores. Sendo assim, seria impossível imaginar como as superfícies desgastadas em ângulo desses dentes poderiam ter se desenvolvido.

Para que as superfícies desgastadas em ângulo surgissem, seria preciso que as mandíbulas pudessem se movimentar de lado quando se fechavam. Esse tipo de movimento é realizado por mamíferos herbívoros modernos que desenvolveram uma oclusão *anisognata*, em que as mandíbulas inferiores são naturalmente mais estreitas do que as superiores. Músculos especiais, dispostos na forma de correias em cada lado da mandíbula, são usados para controlar o movimento do conjunto ósseo com precisão para que os dentes de um lado sejam prensados contra os do outro, forçando a fileira inferior para dentro e gerando atrito entre os dentes. Os seres humanos usam esse tipo de mecanismo mandibular, em especial quando consomem alimentos duros, mas o processo acontece de forma muito mais intensa em alguns mamíferos herbívoros mais comuns, como vacas, ovelhas e cabras, onde a movimentação lateral da mandíbula é mais evidente.

O tipo de mecanismo mandibular dos mamíferos depende de músculos muito complexos, um sistema nervoso de controle desenvolvido e um conjunto especialmente adaptado de ossos cranianos para aguentar o desgaste associado a esse método de mastigação. No entanto, répteis mais comuns, como o *Iguanodon* parecia ser, não têm oclusão anisognata, nem estruturas musculares complexas capazes de permitir movimentos precisos da mandíbula inferior (o fato de eles terem ou não sistemas nervosos para controlar esses movimentos é praticamente irrelevante) e seus crânios não contam com nenhum reforço especial para resistir às forças laterais que agiriam contra os ossos.

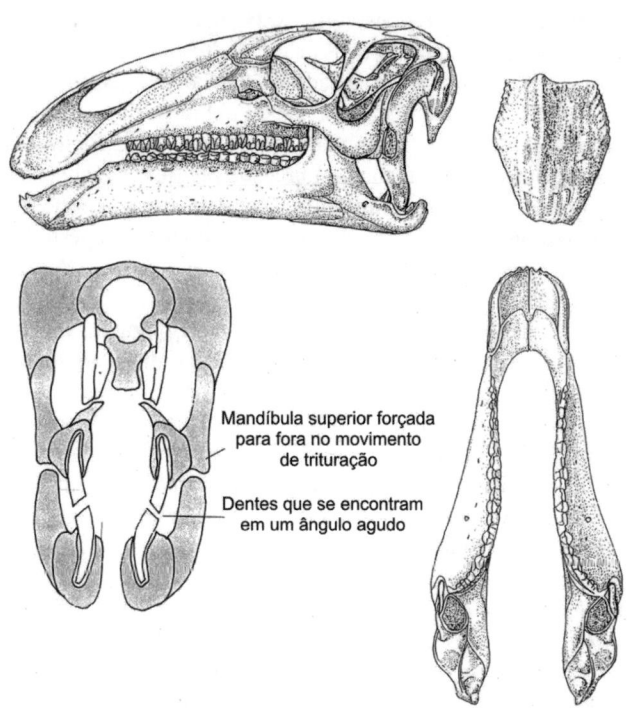

27. Dentes e mandíbulas do *Iguanodon*.

Assim sendo, o crânio do *Iguanodon* parece nos apresentar um enigma: ele não se encaixa em nenhum dos modelos esperados. Haveria algo de errado com a anatomia ou esse dinossauro realmente tinha alguma configuração especial?

As mandíbulas inferiores do *Iguanodon* são compostas por ossos muito fortes e complexos. As extremidades frontais de cada mandíbula inferior são ligadas uma à outra pelo osso pré-dentário. Os dentes são dispostos basicamente em paralelo à extensão da mandíbula e há um osso alto no formato de uma forquilha (processo coronoide) na parte posterior, que age como área de conexão para os seus poderosos músculos e também como uma alavanca para ampliar a força que pode ser exercida sobre os dentes durante a oclusão. Atrás do processo coronoide, fica um conjunto de ossos muito bem agrupados que sustenta a junta da mandíbula em forma de dobradiça. Durante a oclusão, as mandíbulas superiores seriam sujeitas não apenas a forças verticais, criadas pelo fechamento voltado para cima das mandíbulas e dos dentes inferiores contra seus equivalentes superiores, como também laterais, geradas pelo atrito dos dentes inferiores se encaixando entre os superiores conforme a força da mordida aumentava.

Dentre todas as forças que atuavam no crânio do *Iguanodon*, a força lateral sobre os dentes era aquela com que estava menos bem-preparado para lidar. O longo focinho (a área na frente das órbitas oculares) apresenta a forma de um profundo "U" invertido. Para resistir a essas forças laterais, o crânio precisaria ser reforçado por "vigas" ósseas conectando as mandíbulas superiores, como acontece nos mamíferos modernos. Sem esse reforço, o crânio do *Iguanodon* ficaria vulnerável, podendo se partir na linha mediana, já que a profundidade dos ossos zigomáticos agiria como uma alavanca contra o céu da boca na área do focinho, graças às forças atuando nos dentes. Esse tipo de fratura era evitado por dobradiças dispostas na diagonal em cada lado, permitindo que as laterais do crânio fossem flexionadas para fora ao mesmo tempo enquanto os dentes inferiores eram forçados entre os superiores. Outras características do crânio ajudavam a controlar a quantidade de movimento possível ao longo dessas dobradiças (para que as mandíbulas superiores não ficassem soltas demais).

Batizei esse sistema incrível de *pleurocinese* ("movimento lateral"). Por um lado, esse sistema pode ser encarado como uma forma de evitar uma fratura catastrófica durante a oclusão normal. No entanto, o mecanismo pleurocinético permite uma ação *trituradora* entre as fileiras opostas de dentes, emulando o movimento visto nos mamíferos herbívoros de uma forma totalmente diferente.

Esse novo sistema de mastigação poderia estar ligado à outra observação importante a respeito de dinossauros como o *Iguanodon*. Os dentes desse animal eram inclinados (voltados para dentro) na lateral das mandíbulas, criando uma depressão que poderia ser coberta pela carne das bochechas – outra característica não reptiliana. Como os dentes superiores se encaixavam contra os inferiores para cortar a vegetação, parece lógico supor que pelo menos metade do alimento cairia pelas laterais toda vez que o *Iguanodon* mordesse algo... a menos, é claro, que esses restos fossem contidos e trazidos de volta para dentro da boca por algum tipo de bochecha carnuda. Portanto, além de serem capazes de mastigar de uma forma muito sofisticada, esses dinossauros tinham bochechas similares às dos mamíferos, e também precisariam ter uma língua grande e forte (ligada a resistentes ossos ceratobranquiais) para fazer com que o alimento fosse posicionado entre os dentes antes de cada mordida.

Depois de identificar esse novo sistema de mastigação, eu pude perceber que a pleurocinese não era um recurso usado apenas no *Iguanodon*. Na verdade, esse era um sistema presente em larga escala entre o grupo conhecido como ornitópodes, no qual o *Iguanodon* se encaixava. Após traçar a história evolutiva geral dos ornitópodes ao longo da Era Mesozoica, ficou claro que esses tipos de dinossauros se tornaram cada vez mais diversificados e abundantes com o tempo. Os ornitópodes chegaram ao apogeu no final do Cretáceo, período no qual deixaram mais fósseis em seus ecossistemas do que qualquer outro animal terrestre. Em algumas partes do mundo, os ornitópodes, representados na época por dinossauros com bico de pato, eram muito abundantes e diversificados: algumas descobertas na América do Norte sugerem bandos de hadrossauros com dezenas de milhares desses animais. Os hadrossauros tinham os dentes moedores mais sofisticados de todos (com cada animal chegando a ter até mil dentes na boca ao mesmo tempo) e um sistema pleurocinético muito bem desenvolvido.

Sendo assim, é plausível supor que esses dinossauros alcançaram essa imensa diversidade e abundância em grande parte graças à eficiência com que conseguiam consumir vegetais usando o sistema pleurocinético. O sucesso evolutivo dos ornitópodes provavelmente veio como resultado da disseminação desse inovador mecanismo de mastigação identificado originalmente no *Iguanodon*.

Capítulo 4

Desvendando a genealogia dos dinossauros

Até aqui, nosso foco tem sido em grande parte, se não exclusivamente, analisar os diversos aspectos da anatomia, biologia e modo de vida do *Iguanodon*. No entanto, é claro que esse era apenas um dos inúmeros dinossauros presentes no amplo cenário da vida na Era Mesozoica. Uma tarefa importante dos paleontólogos é tentar entender a genealogia, ou história evolutiva, desses animais pré-históricos. Para pôr os dinossauros como um todo em perspectiva, será preciso explicar as técnicas usadas para se fazer isso, assim como o que a ciência sabe até o momento sobre a história evolutiva dos dinossauros.

Uma característica dos registros fósseis é que eles oferecem uma tentadora possibilidade para que seja traçada a genealogia dos organismos não apenas ao longo de algumas gerações humanas (como é feito pelos estudiosos modernos do ramo), mas sim por milhares ou milhões de gerações durante toda a vasta extensão do tempo geológico. Uma das principais ferramentas dos cientistas atuais para isso é o que chamamos de sistemática filogenética. A premissa básica dessa técnica é muito simples. Ela parte do pressuposto de que os organismos estão sujeitos aos processos gerais da evolução darwinista. Isso exige apenas a compreensão de que organismos mais próximos, em termos genealógicos, costumam apresentar semelhanças físicas maiores entre si do que com criaturas mais distantes. Para investigar o grau de parentesco entre as criaturas (neste caso específico, entre animais fossilizados), os paleontólogos procuram identificar o máximo possível de traços físicos preservados nas partes duras dos fósseis. Infelizmente, grande parte das informações biológicas mais importantes é eliminada durante a putrefação e fossilização de qualquer carcaça. Assim sendo, em termos pragmáticos, os cientistas são forçados a aprender o máximo possível com o que sobrou. Até muito pouco tempo, a reconstrução de filogenias era feita com base apenas nos traços anatômicos encontrados nas partes duras dos fósseis. No entanto, inovações tecnológicas recentes a obtenção de dados com base na estrutura bioquímica e molecular dos organismos vivos, o que pode trazer uma quantidade significativa de novas informações ao processo.

Nesse caso, o trabalho do paleontólogo consiste em preparar longas listas de características anatômicas para então identificar quais delas são importantes em termos filogenéticos ou apresentam algum sinal evolutivo. Isso é feito para que seja possível criar uma hierarquia compreensível de parentescos com base em grupos de animais cada vez mais próximos.

Essa análise também identifica os traços únicos de uma espécie fossilizada específica, o que é importante para se determinar as características especiais que, por exemplo, distinguem o *Iguanodon* de todos os outros dinossauros. Isso pode parecer muito óbvio, mas, muitas vezes, tudo o que restou de certas criaturas fossilizadas se resume a um pequeno conjunto de ossos ou dentes. Quando outros restos parciais são descobertos em rochas de lugares distintos, mas de idade muito próxima, pode ser difícil concluir com certeza se esses novos fósseis pertenciam a um *Iguanodon*, por exemplo, ou a uma nova espécie ainda desconhecida.

Além de definir as características que identificam o *Iguanodon* como uma espécie única, também é preciso listar os traços anatômicos que ele compartilha com outros animais distintos, mas muito próximos entre si. Isso poderia ser encarado como algo equivalente à família desse dinossauro em termos anatômicos. Quanto mais gerais forem os traços compartilhados pelas "famílias" de dinossauros, mais é possível agrupá-las em categorias cada vez maiores e mais abrangentes que, pouco a pouco, formam um padrão geral de relações entre todas elas.

> ## O caso do *Baryonyx*
>
> As rochas do Cretáceo Inferior encontradas no sudeste da Inglaterra vêm sendo estudadas a fundo por caçadores de fósseis (começando com Gideon Mantell) e geólogos (William Smith, em especial) há bem mais de duzentos aos. Ossos de *Iguanodon* são muito comuns entre elas, assim como os restos de outros dinossauros, como o *"Megalosaurus"*, o *Hylaeosaurus*, o *Polacanthus*, o *Pelorosaurus*, o *Valdosaurus* e o *Hypsilophodon*. Levando em conta todos os estudos realizados nessa área, muitos achavam improvável que qualquer outra nova descoberta fosse feita na região. No entanto, em 1983, o colecionador amador William Walker encontrou uma enorme garra fossilizada em uma mina de argila em Surrey que levou à escavação de um dinossauro predador com oito metros de comprimento ainda totalmente desconhecido pela ciência. Ele foi batizado de *Baryonyx walkeri* em homenagem ao descobridor e continua exposto até hoje em um lugar de prestígio no Museu de História Natural em Londres.
>
> A moral dessa história é que nada deve ser subestimado nesse ramo, pois os registros fósseis são cheios de surpresas.

A questão mais importante aqui é: como esse padrão geral de parentesco é definido? Por muito tempo o método geral usado era bastante egocêntrico. Tudo se resumia quase que literalmente à visão de especialistas autoproclamados que tinham passado muito tempo estudando uma categoria específica de organismos e listado os padrões gerais de similaridade para esse determinado grupo. Os métodos usados por esses cientistas poderiam variar consideravelmente, mas, no final das contas, o padrão de parentesco traçado por eles era na verdade uma opinião própria, em vez de uma rigorosa solução resultante de extensos debates científicos. Embora esse método funcionasse mais ou menos bem para grupos restritos de organismos, era muito difícil discutir de forma adequada a validade de uma determinada interpretação em detrimento de outra, já que os argumentos, no fundo, eram muito circulares e se resumiam às opiniões pessoais de cada cientista.

Esse problema, inerente a essa área de estudo, ficava evidente quando os grupos de organismos estudados eram muito grandes e tinham diversas diferenças sutis. Bons exemplos disso são grupos de insetos ou algumas das imensas variedades de peixes ósseos. Quando a comunidade científica em geral aceitava de bom grado a autoridade de um único cientista por um determinado período de tempo, não havia problema algum. No entanto, quando os especialistas discordavam, o resultado era um frustrante debate circular.

Ao longo das últimas quatro décadas, uma nova metodologia vem sendo adotada pouco a pouco e se mostrando muito mais eficaz. Ela não oferece necessariamente as respostas certas, mas pelo menos deixa espaço para um debate verdadeiro sob a luz da ciência. Essa técnica em questão é conhecida hoje como cladística (sistemática filogenética), um nome que ainda é visto com receio por alguns cientistas, em grande parte devido a acalorados debates sobre como esse processo é realizado na prática e qual seria a verdadeira relevância dos seus resultados em um contexto evolutivo. Por sorte, nós não precisaremos nos ater muito a esse debate, pois os princípios desse método são muito simples e claros.

Um cladograma é um diagrama ramificado que reúne todas as espécies que estão sendo investigadas. Para criar um, o pesquisador precisa preparar uma tabela (uma matriz de dados) com uma coluna listando as espécies sendo estudadas e outra enumerando as características (anatômicas, bioquímicas etc.) apresentadas por cada espécie. Cada espécie é então "ranqueada" caso tenha (1) ou não tenha (0) cada característica ou, em alguns casos, quando não há certeza, isso pode ser mostrado como um (?). A matriz de dados resultante (que pode ser enorme) é processada então por uma série de programas de computador que avaliam essas respostas e geram uma estatística determinando a distribuição mais parcimoniosa dos traços compartilhados pelas diversas

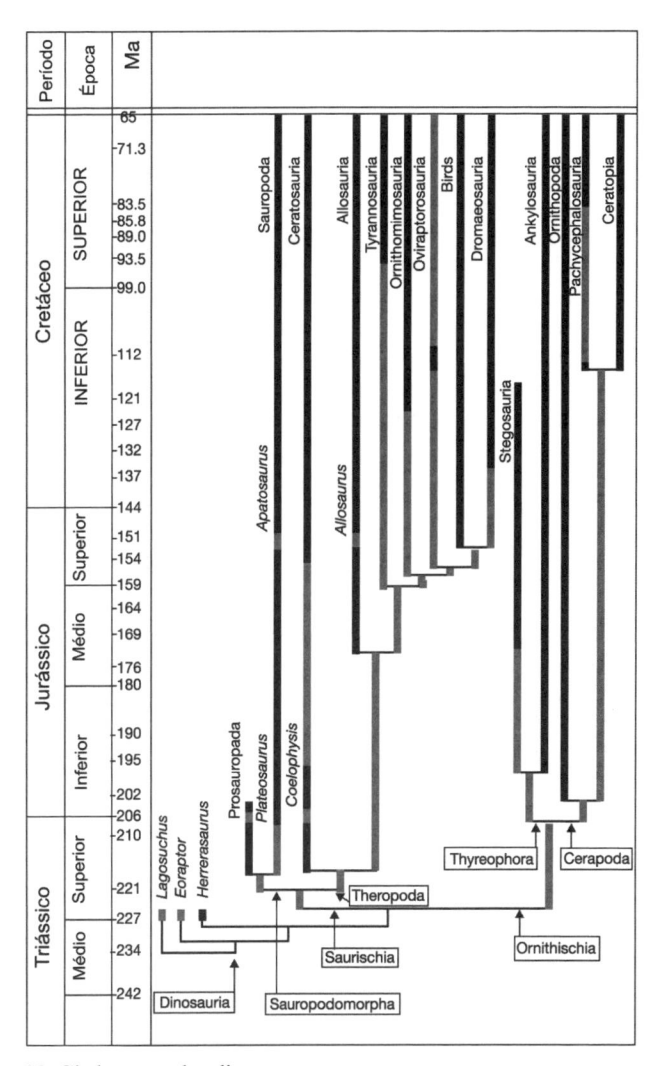

28. Cladograma dos dinossauros.

espécies. O cladograma resultante serve como ponto de partida para diversas investigações posteriores que visam determinar e compreender a dimensão desses padrões comuns ou similaridades gerais e até que ponto os dados podem estar equivocados.

O cladograma resultante desse tipo de análise não representa nada mais do que uma hipótese de trabalho sobre as relações entre os animais estudados. Cada um dos galhos dessa árvore mostra o que pode definir um grupo de espécies que estão todas conectadas por um determinado número de características comuns. Usando essa informação, é possível chegar a uma espécie de genealogia ou filogenia que representa um modelo da história evolutiva do grupo como um todo. Por exemplo, se os períodos geológicos marcados pela incidência de cada espécie forem projetados nesse padrão, é possível definir a história geral do grupo e também o período provável em que as diversas espécies podem ter surgido. Com isso, em vez de se resumir apenas a uma conveniente organização espacial das espécies, o cladograma começa a lembrar uma verdadeira árvore genealógica. É claro que a filogenia gerada por esse método depende muito da qualidade dos dados disponíveis, e os dados e a forma como são elencados podem mudar com a descoberta de novos fósseis mais completos e bem-conservados e com o aprimoramento dos métodos de análise.

O objetivo de todo esse trabalho é criar o panorama mais preciso possível da história evolutiva da vida ou, neste caso especial, da história evolutiva dos dinossauros.

Uma breve história evolutiva dos dinossauros

Um exemplo interessante desse tipo de abordagem sistemática à evolução dos dinossauros pode ser encontrado no trabalho produzido por Paul Sereno da Universidade de Chicago. Sereno passou um bom tempo ao longo das últimas duas décadas estudando a sistematização e a história evolutiva dos dinossauros. A Figura 28 resume seu trabalho e nos dá um breve panorama geral do resultado.

Os animais da superordem Dinosauria são reconhecidos tradicionalmente (conforme previsto por Owen) como répteis de postura ereta com ligações reforçadas entre os quadris e a coluna vertebral para facilitar uma sustentação eficiente do corpo sobre suas pernas robustas como pilastras. Essas mudanças deram recursos muito importantes aos primeiros dinossauros: as pernas robustas sustentavam o peso do corpo com grande eficiência, permitindo um tamanho cada vez maior, e também possibilitavam passadas longas e uma excelente agilidade. Esses dois atributos foram muito bem utilizados pelos dinossauros ao longo de todo o seu reinado na Terra.

Embora todos os dinossauros compartilhem essas mesmas características principais, eles podem ser divididos em dois grupos distintos: os saurísquios (literalmente, "quadril de lagarto") e os ornitísquios ("quadril de ave"). Como sugerem os nomes, as diferenças entre eles estão basicamente na estrutura óssea de seus quadris, embora existam várias outras características anatômicas mais sutis que também são importantes para separar essas duas grandes categorias. Os membros mais antigos desses dois grupos foram encontrados em rochas do Período Carniano (pelo menos 225 Ma), mas ainda não foi possível concluir se o primeiro dinossauro da história foi um saurísquio, ornitísquio ou apenas algum outro tipo totalmente diferente.

Dinossauros saurísquios

Os saurísquios se dividem em dois grupos principais. Os sauropodomorfos são criaturas de corpos grandes com pernas robustas como pilastras, caudas muito compridas, pescoços longos com cabeças pequenas e mandíbulas com dentes simples em formato de estaca, o que indica uma dieta principalmente herbívora. Esse grupo tem entre seus membros gigantes como os diplodocídeos, braquiossaurídeos (Figura 31) e titanossaurídeos. Já os terópodes são muito diferentes; quase todos são ágeis, bípedes e carnívoros (Figuras 30 e 31). Uma longa cauda musculosa contrabalanceia a parte dianteira do corpo na altura do quadril, deixando os braços e as mãos livres para agarrar as presas; suas cabeças também costumam ser bastante grandes, com mandíbulas repletas de dentes afiados como facas. As espécies desse grupo variam desde criaturas pequenas e delicadas similares ao *Compsognathus,* conhecidas como celurossauros, até enormes animais como o lendário *Tyrannosaurus* e os também enormes e assustadores *Giganotosaurus*, *Allosaurus*, *Baryonyx* e *Spinosaurus*. Embora alguns desses dinossauros sejam bem conhecidos, o grupo como um todo vem se mostrando cada vez mais diversificado e, em alguns casos, até bizarro. Os recém-descobertos terizinossauros, por exemplo, parecem ter sido criaturas enormes capazes de cortar madeira com suas longas garras em formato de foice nas mãos, além de terem barrigas imensas e cabeças ridiculamente pequenas com mandíbulas dotadas de uma dentição muito mais parecida com a de animais herbívoros do que com a de carnívoros convencionais. No entanto, outros terópodes conhecidos como ornitomimídeos e oviraptossaurídeos eram criaturas esguias e ágeis, como avestruzes, completamente sem dentes (tendo na verdade bicos como as aves modernas). No entanto, o que há de mais interessante entre todos esses dinossauros é o subgrupo chamado dromeossaurídeos.

Os dromeossaurídeos contam com membros famosos como o *Velociraptor* e o *Deinonychus*, e incluem várias outras criaturas similares, mas menos conhecidas, descobertas há pouco tempo. O mais interessante sobre esses dinossauros é o fato de que sua anatomia esquelética é muito similar à das aves modernas. Aliás, as similaridades são tão grandes que muitos os veem como ancestrais diretos das aves. Importantes novas descobertas realizadas em sítios arqueológicos na Província de Liaoning, na China, trouxeram à tona fósseis excepcionalmente bem-conservados de terópodes dromeossaurídeos que revelaram corpos cobertos por filamentos de queratina (como pelos rústicos) ou, em alguns casos, penas genuínas como as de pássaros, o que enfatiza ainda mais a similaridade entre esses animais e as aves modernas.

29. *Deinonychus*. Reconstrução feita a partir dos ossos. Ele poderia ter uma cobertura corporal filamentosa também?

Dinossauros ornitísquios

Imagina-se que todos os ornitísquios tenham sido herbívoros e que, assim como os mamíferos modernos, tenham existido em muito maior número e diversidade do que seus potenciais predadores.

Os dinossauros do grupo Thyreophora (Figura 28) representam um dos maiores segmentos dos ornitísquios, animais que se distinguem por terem placas ósseas ao longo de seus corpos, porretes ou espinhos nas caudas e por serem quase exclusivamente quadrúpedes. Entre eles, estão os estegossauros, batizados em homenagem ao emblemático

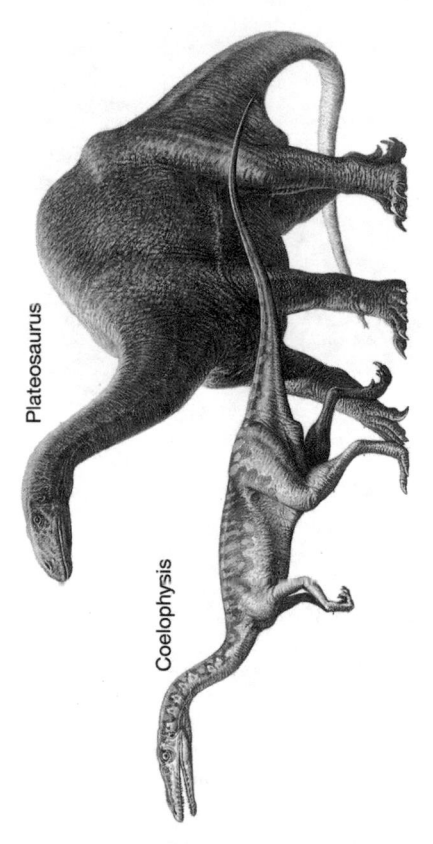

30. Dinossauros saurísquios triássicos. O terópode primitivo *Coelophysis* e o sauropodomorfo *Plateosaurus*.

Stegosaurus armatus (famoso por ter uma cabeça minúscula, fileiras de placas ósseas e uma cauda com espinhos, como visto na Figura 31); e os encouraçados anquilossauros, dentre os quais estava o *Euoplocephalus,* um animal imenso e blindado como um tanque, tão bem protegido que até suas sobrancelhas eram cobertas por placas ósseas e sua cauda terminava em um enorme porrete ósseo provavelmente usado para afastar possíveis predadores.

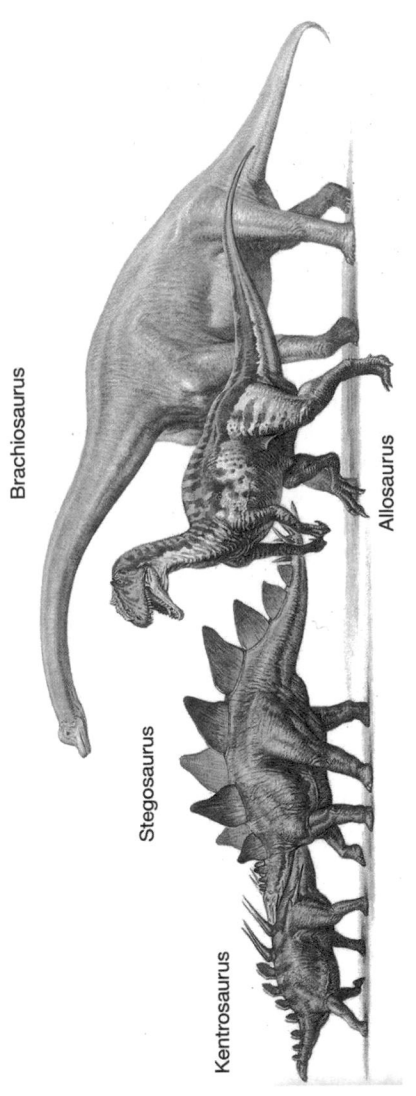

31. Dinossauros ornitísquios jurássicos do grupo Thyreophora: *Kentrosaurus* e *Stegosaurus*. O terópode saurísquio *Allosaurus* e o sauropodomorfo *Brachiosaurus*.

Já os espécimes do grupo Cerapoda (Figura 28) são muito diferentes. Esses dinossauros eram bípedes sem carapaças de corpo leve, embora alguns também pudessem andar sobre as quatro patas. Os ornitópodes formavam um dos grandes grupos dessa subordem. Muitos desses animais eram de tamanhos medianos (de dois a cinco metros de comprimento) e muito abundantes (provavelmente preenchendo os nichos ecológicos hoje ocupados pelos antílopes, cervos, ovelhas e cabras). Esses dinossauros, como o *Hypsilophodon,* tinham seu ponto de equilíbrio no quadril (como os terópodes), pernas esguias e ágeis, mãos capazes de agarrar coisas e dentes, mandíbulas e bochechas adaptadas para uma dieta herbívora, o que era o mais importante. Durante todo o reinado dos dinossauros, ornitópodes pequenos e médios foram muito abundantes pela Terra, mas um número significativo de espécies maiores surgiu ao longo da Era Mesozoica; esses animais ficaram conhecidos como iguanodontídeos (por incluírem dinossauros como o *Iguanodon*). Os mais importantes de todos eles foram os incrivelmente numerosos dinossauros com bico de pato, ou hadrossaurídeos, que habitaram a América do Norte e a Ásia no final do Cretáceo. Alguns (embora não todos) desses dinossauros de fato tinham o focinho na forma de um bico de pato, enquanto outros apresentavam uma ampla variedade de formações cranianas ocas e extravagantes (como veremos no Capítulo 7), que poderiam ter sido usadas como algum tipo de sinalização social e, mais especificamente, para emitir sons altos e graves. Os marginocéfalos formavam outro grande grupo dessa subordem que surgiu no Cretáceo, dentre os quais estavam os incríveis paquicefalossauros ("dinossauros de cabeça dura"), animais de corpos similares aos dos ornitópodes, mas de cabeças muito distintas. A maioria desses dinossauros tinha um alto domo sobre a cabeça, que lembrava as formações cranianas dos hadrossaurídeos, com a diferença de que as formações dos paquicefalossauros eram de osso maciço. Alguns cientistas sugerem que essas criaturas costumavam bater as cabeças entre si de forma similar ao que pode ser visto hoje entre alguns animais modernos de casco fendido.

Por fim, existia também o grupo Ceratopsia, um segmento que incluía o mítico *Protoceratops* mencionado na Introdução, assim como o famoso *Triceratops* ("cabeça de três chifres"). Todos eles tinham um bico estreito característico na ponta das mandíbulas e costumavam apresentar formações ósseas em formato de leque na extremidade posterior do crânio. Embora alguns desses dinossauros, especialmente os mais antigos, fossem bípedes, um número considerável de espécies desenvolveu corpos cada vez mais avantajados, com cabeças maiores, adornadas por enormes formações na parte traseira e grandes chifres sobre os olhos e nariz, levando esses animais a adotarem uma postura quadrúpede, lembrando muito o aspecto dos rinocerontes modernos. Como essa breve descrição nos mostra, os dinossauros eram muito diversificados e numerosos a julgar pelas descobertas feitas nos últimos 200 anos. Ainda que quase 900 gêneros de dinossauros já tenham sido catalogados até hoje, esse número representa apenas uma pequena fração dos animais que viveram durante os 160 milhões de anos que marcaram o reinado dos dinossauros durante a Era Mesozoica. Infelizmente, muitos deles jamais serão conhecidos caso seus fósseis não tenham sido preservados. Outros, no entanto, ainda serão descobertos por intrépidos paleontólogos ao longo dos próximos anos.

Sistemática dos dinossauros e biogeografia pré-histórica

Esse tipo de pesquisa pode trazer resultados interessantes e até mesmo um tanto inesperados. Um dos casos que veremos neste livro faz uma ponte entre a filogenética e o histórico geográfico da Terra. Na verdade, o próprio planeta pode ter exercido uma profunda influência sobre os padrões da vida ao longo da história.

A escala do tempo geológico da Terra foi montada após exaustivas análises feitas com base nas idades relativas das sequências de rochas encontradas em diversos pontos do planeta. Um fator importante para esse processo foram as evidências reveladas pelos fósseis contidos nessas rochas: se rochas de lugares diferentes continham fósseis de um mesmo tipo, os cientistas poderiam concluir com toda razão que essas rochas tinham a mesma idade relativa.

Em termos gerais, essas similaridades entre fósseis de diferentes partes do mundo começaram a sugerir que talvez os continentes nem sempre tenham apresentado a mesma configuração de hoje. Rochas e fósseis muito similares foram escavados nas duas costas do oceano Atlântico Sul. Um pequeno réptil aquático conhecido como *Mesosaurus* foi encontrado em rochas permianas bastante similares no Brasil e na África do Sul. Já em 1620, Francis Bacon sugeriu que os contornos costeiros das Américas, da Europa e da África eram muito parecidos (Figura 32d), a ponto de talvez até poderem ser encaixados como gigantescas peças de um quebra-cabeça. Com base nessas evidências vistas em fósseis, rochas e na correspondência geral dos contornos costeiros, Alfred Wegener, um meteorologista alemão, propôs em 1912 que os continentes da Terra poderiam ter ocupado posições diferentes no passado, citando como exemplo um ponto no Período Permiano onde as Américas, a Europa e a África poderiam ter feito parte de uma só massa de terra. Por não ter formação como geólogo, as hipóteses de Wegener foram ignoradas ou vistas apenas como especulações improváveis e irrelevantes. Apesar de toda a persuasão oferecida pelas evidências visuais, a teoria de Wegener tinha uma falha: o senso comum ditava que coisas tão grandes quanto continentes jamais poderiam se mover sobre a sólida superfície da Terra.

No entanto, o senso comum acabou se mostrando equivocado. Nos anos 50 e 60, uma série de estudos foi publicada sustentando as hipóteses de Wegener. Primeiramente, modelos muito bem detalhados de todos os grandes continentes mostraram que eles de fato se encaixavam com notável precisão, o que não poderia ser mera coincidência. Em segundo lugar, grandes formações geológicas encontradas em continentes distintos pareciam ter uma certa continuidade quando os continentes eram encaixados como peças de quebra-cabeça. Por fim, evidências paleomagnéticas mostraram uma movimentação nos leitos oceânicos – que estavam se movendo como enormes esteiras, arrastando os continentes – e vestígios magnéticos em rochas continentais confirmaram que os continentes se moveram ao longo do tempo. O "motor" por trás desse fenômeno era o calor no núcleo da Terra e as rochas em constante movimento no manto terrestre. A teoria das placas tectônicas, que explica movimentação dos continentes sobre a superfície da Terra ao longo do tempo, agora é muito bem consolidada e aceita.

As implicações desses movimentos das placas tectônicas sobre a evolução dos dinossauros são muito interessantes. Reconstruções do antigo posicionamento dos continentes, feito em grande parte com base em evidências paleomagnéticas e estudos estratigráficos detalhados, mostram que todos os continentes estavam reunidos em uma única gigantesca massa de terra chamada Pangeia ("toda a Terra") ao longo do período marcado pelo surgimento dos dinossauros. Durante essa época, os animais podiam literalmente andar por toda a Terra. Em decorrência disso, hoje são encontrados restos fossilizados de animais muito similares (terópodes e prossaurópodes) em quase todos os continentes.

Ao longo dos períodos subsequentes, o Jurássico (Figura 32b) e o Cretáceo (Figura 32c), fica claro como o supercontinente começou a se fragmentar enquanto as poderosas "esteiras" tectônicas desmembravam o corpo de Pangeia de maneira lenta mas inexorável. O resultado final desse processo no final do Cretáceo foi um mundo que, embora ainda geograficamente diferente (repare na posição da Índia na Figura 32c), já mostrava continentes muito mais parecidos com os atuais.

Os primeiros dinossauros parecem ter se dispersado muito por toda a Pangeia a julgar pelos fósseis. No entanto, durante o Jurássico e o Cretáceo, fica muito claro que esse supercontinente começou a ser dividido pouco a pouco por mares e oceanos enquanto os imensos fragmentos se distanciavam de forma gradual.

Uma consequência biológica inevitável desse processo de separação entre os continentes é que a população antes

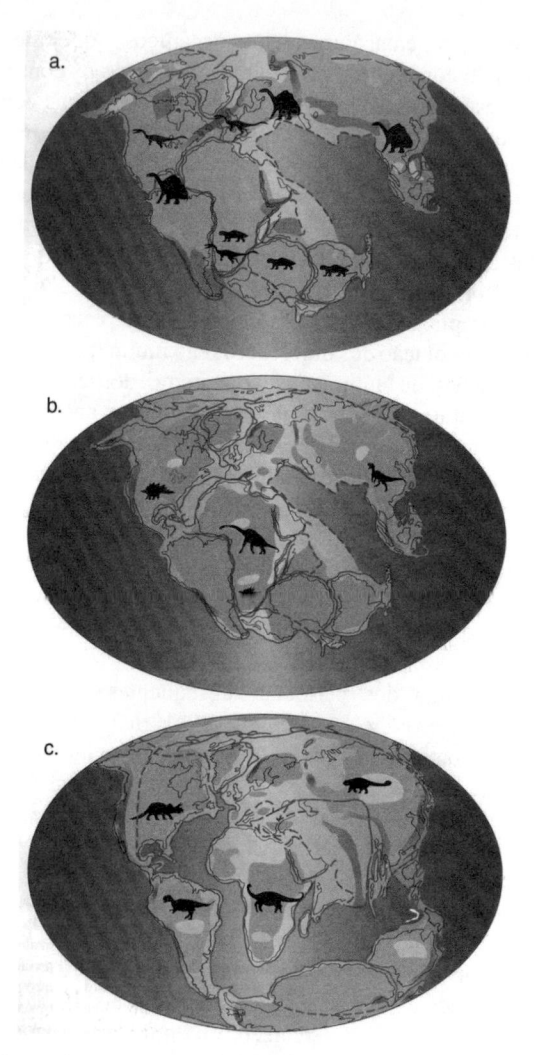

32. Os continentes em transformação. a. Período Triássico mostrando o supercontinente único chamado Pangeia. b. Período Jurássico Médio. c. Início do Período Cretáceo. Repare como as imagens dos dinossauros ficam cada vez mais distintas conforme os continentes se separam.

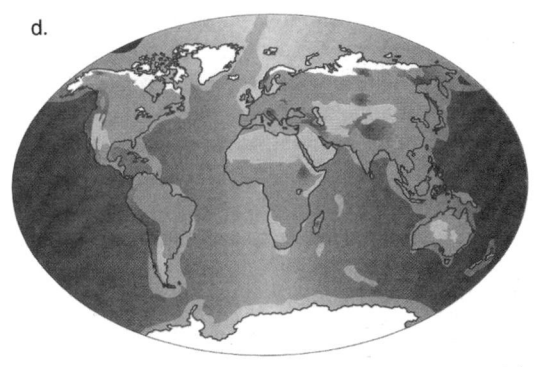

32(d). Os continentes como são hoje. O contorno das Américas se encaixa perfeitamente contra o da África Ocidental.

cosmopolita de dinossauros foi se tornando cada vez mais dividida. O fenômeno do isolamento é um dos pontos-chave da evolução – depois de isoladas, as populações tendem a passar por mudanças evolutivas em resposta às alterações do ambiente ao seu redor. Nesse caso, embora estejamos lidando com áreas comparativamente imensas (do tamanho de continentes), cada uma das massas de terra levou consigo suas próprias populações de dinossauros (e toda a fauna e flora associadas) que, com o passar do tempo, puderam evoluir de forma independente em resposta às mudanças locais do ambiente, estimuladas por progressivas mudanças de latitude, longitude, correntes oceânicas adjacentes e condições atmosféricas, só para citar alguns exemplos.

Pela lógica, podemos concluir que eventos tectônicos ocorridos durante a Era Mesozoica devem ter afetado o escopo e o padrão geral da história evolutiva dos dinossauros. Na verdade, seria plausível supor que a progressiva fragmentação dessas antigas populações ao longo do tempo tenha acelerado em muito a diversificação desse grupo como um todo. Assim como podemos representar a filogenia dos dinossauros usando cladogramas, também podemos imaginar a história geográfica da Terra ao longo da Era Mesozoica como uma série de eventos que foram se ramificando conforme as partes do antigo supercontinente "ancestral" de Pangeia se separavam. No entanto, essa abordagem geral é claramente uma mera simplificação da verdadeira história da Terra, já que os fragmentos continentais voltaram a se aglutinar em certos momentos, reunindo populações antes isoladas. No entanto, ao menos como uma primeira aproximação, isso nos fornece um fértil terreno para a investigação de alguns eventos que tiveram grande impacto na história da Terra.

Se essa hipótese for de fato verdadeira, deveria então ser possível encontrar alguma evidência disso nos fósseis das diversas espécies de dinossauros e nos modelos tectônicos da distribuição dos continentes ao longo da Era Mesozoica. Esse tipo de análise vem sendo desenvolvido nos últimos anos em busca de padrões similares na história evolutiva dos dinossauros para determinar se isso teve alguma influência sobre a distribuição geográfica desses animais.

A evolução dos ornitópodes

O primeiro trabalho feito nesse campo de pesquisa, realizado em 1984, concentrou-se em um grupo de dinossauros muito similares ao famoso *Iguanodon*. Em linhas gerais, esses animais são chamados de ornitópodes ("pés de pássaro", nome que surgiu devido a uma trivial semelhança entre a estrutura dos pés desses dinossauros e das aves modernas). Nesse estudo, um cladograma foi criado com base em uma detalhada comparação entre a anatomia de diversos ornitópodes conhecidos até então. Para transformar isso em uma filogenia verdadeira, foi preciso sobrepor a esse cladograma a distribuição do grupo ao longo do tempo, bem como suas distribuições geográficas.

Essa análise acabou revelando alguns padrões surpreendentes na história desses ornitópodes. Primeiramente, ela pareceu demonstrar que as espécies mais semelhantes ao *Iguanodon* (digamos, membros do grupo conhecido como iguanodontes) e seus parentes mais próximos (membros da família dos hadrossauros) provavelmente surgiram como resultado de uma separação continental durante o final do

Período Jurássico. A população ancestral a partir da qual esses dois grupos podem ter evoluído foi subdividida por um oceano nessa época. Após esse isolamento, uma das populações deu origem aos hadrossauros na Ásia, enquanto os iguanodontes evoluíram em outro lugar. Esses dois grupos parecem ter evoluído de forma totalmente distinta um do outro ao longo do Jurássico Superior e do Cretáceo Inferior. No entanto, durante a última metade do Cretáceo, a Ásia voltou a se interligar ao resto dos continentes do hemisfério norte e seus hadrossauros nativos se espalharam por todo esse hemisfério, tomando o lugar dos iguanodontes sempre que entraram em contato com populações desses animais.

Embora o processo de substituição dos iguanodontes pelos hadrossauros no final do Cretáceo pareça ter sido um tanto uniforme, uma ou duas anomalias intrigantes ainda precisavam ser investigadas.

Relatos escritos na virada do século XX descreviam iguanodontes encontrados na Europa (principalmente na França e na Romênia) em rochas do final do Cretáceo Superior. A partir da análise citada acima, esses animais não deveriam ter sobrevivido até esse período, já que em todos os outros lugares o padrão mostrava hadrossauros tomando o posto dos iguanodontes. No começo dos anos 90, os fósseis mais bem preservados vinham da Transilvânia, uma região da Romênia. No entanto, análises filogenéticas incentivaram a realização de novas expedições para investigar melhor essas descobertas. Estudos posteriores comprovaram que esse dinossauro não era um parente próximo do *Iguanodon,* mas sim um membro de um grupo mais primitivo de ornitópodes que sobreviveu por muito tempo (como uma relíquia). Um nome novo precisou ser criado para esse dinossauro: *Zalmoxes*. Assim sendo, os resultados dessas análises preliminares trouxeram inúmeras informações sobre um dinossauro muito antigo, mas um tanto incompreendido.

Um relatório publicado nos anos 50 sugeriu que um dinossauro muito similar ao *Iguanodon* viveu na Mongólia no início do Cretáceo. Essa instigante hipótese também precisava ser investigada melhor para comprovar se essa estranha amplitude geográfica – dinossauros desse tipo vivendo na Ásia nessa época – era mesmo verdadeira ou apenas um equívoco de classificação, como no caso romeno. Os fósseis, embora fragmentados, foram levados para o Museu Paleontológico Russo em Moscou, onde foram reexaminados. Mais uma vez, os resultados foram surpreendentes. Desta vez, os relatos originais se mostraram corretos; animais do gênero *Iguanodon* pareciam mesmo ter habitado a Mongólia no início do Cretáceo e os fósseis recuperados pertenciam claramente à tão conhecida espécie europeia do *Iguanodon*.

Essa segunda descoberta não se encaixava muito bem com a hipótese evolutiva e geográfica criada pela análise de 1984. Na verdade, ao longo dos últimos anos, é interessante notar que diversos ornitópodes muito similares ao *Iguanodon* vêm sendo encontrados na Ásia, assim como na América do Norte, em rochas do Cretáceo Médio. Grande parte dessas evidências recentes e cada vez mais volumosas sugere que o modelo evolutivo e geográfico original tinha diversas falhas fundamentais que novas investigações e descobertas conseguiram trazer à tona.

Dinossauros: uma perspectiva global

Em tempos mais recentes, essa abordagem vem sendo aplicada de uma forma muito mais ampla e ambiciosa. Paul Upchurch, da Universidade de Londres, e Craig Hunn, de Cambridge, tentaram explorar toda a árvore genealógica do grupo Dinosauria em busca de semelhanças nos padrões de amplitude estratigráfica e de análise cladista estudando uma vasta gama de espécies. Esses dados foram então comparados às distribuições atualmente conhecidas dos continentes em intervalos ao longo de toda a Era Mesozoica. O objetivo era descobrir se havia ou não algum sinal capaz de sugerir uma influência das movimentações tectônicas sobre a história evolutiva dos dinossauros.

Apesar de todos os inevitáveis problemas em boa parte resultantes do caráter fragmentário dos registros fósseis dos dinossauros, foi encorajador constatar a existência de padrões coincidentes de alta relevância estatística nos intervalos entre o Jurássico Médio, o Jurássico Superior e o Cretáceo Inferior. Isso indica que, conforme esperado, eventos tectônicos de fato tiveram alguma influência sobre onde e quando grupos específicos de dinossauros surgiram. Mais importante ainda, o efeito disso também foi preservado nas distribuições estratigráficas e geográficas dos fósseis de outros organismos, confirmando que a evolução de diversas formas de vida foi afetada pelos eventos tectônicos e que este impacto tem repercussão até hoje. De certa forma, isso não é nenhuma novidade. Eu gostaria apenas de mencionar a distribuição incomum dos mamíferos marsupiais (encontrados apenas nas Américas e na Australásia atualmente) e o fato de que áreas distintas do mundo moderno têm suas próprias faunas e floras características. O que essa nova pesquisa sugere é que nós agora podemos encontrar origens históricas para todas essas distribuições de uma forma muito mais precisa do que antes se imaginava.

Capítulo 5

Dinossauros e sangue quente

A atenção atraída pelas diversas áreas de pesquisa sobre os dinossauros vai muito além do interesse meramente acadêmico por essas criaturas. Esse apelo público parece ter sua origem no fato de que os dinossauros são capazes de instigar a imaginação das pessoas como poucos outros assuntos. Os capítulos seguintes se concentram nisso a fim de ilustrar a imensa gama de abordagens e informações diferentes usadas em nossas tentativas de desvendar o mistério dos dinossauros e de sua biologia.

Dinossauros: Sangue quente, frio ou morno?

Como vimos no Capítulo 1, quando inventou o termo "dinossauro", Richard Owen fez especulações sobre a fisiologia desses animais, como podemos ver neste trecho extraído da prolixa frase final de seu relatório:

> Podemos concluir então... que os dinossauros são... mais adaptados à vida terrestre... com traços mais similares aos que caracterizam os animais vertebrados de sangue quente. [i.e. mamíferos e pássaros modernos]
>
> (Owen 1842: 204)

Ainda que os dinossauros criados por Owen para o Parque do Palácio de Cristal mostrassem claramente a influência dessas ideias, as implicações biológicas do que ele estava sugerindo nunca foram totalmente compreendidas pelos outros cientistas da época. De certa forma, essa abordagem visionária de Owen apresentava-se com uma lógica aristotélica racional: como os dinossauros tinham uma estrutura reptiliana, era de se esperar que eles também fossem escamosos, botassem ovos e, como todos os outros répteis conhecidos, fossem de "sangue frio" (ectotérmicos).

Quase cinquenta anos depois, seguindo a mesma linha de Owen, Thomas Huxley propôs que as aves e os dinossauros poderiam ter um alto grau de parentesco, dadas as similaridades anatômicas encontradas entre os pássaros modernos, o *Archaeopteryx*, a primeira ave pré-histórica encontrada, e o pequeno terópode recém-descoberto *Compsognathus*. Levando isso em conta, ele concluiu que:

> ...não é nem um pouco difícil imaginar uma criatura intermediária entre o *Dromaeus* [uma ema] e o *Compsognathus* [um dinossauro]... tampouco a hipótese de que... a classe *Aves* tenha sua origem nos répteis do grupo Dinosauria...
> (Huxley 1868: 365)

Se Huxley estivesse correto, a seguinte indagação poderia ter sido proposta: Os dinossauros tinham uma fisiologia reptiliana convencional ou eram mais próximos das aves, que são animais de sangue quente (endotérmicos)? No entanto, essa pergunta não parecia ter nenhuma resposta óbvia.

Apesar de todos os debates intelectuais, foi só quase um século depois do trabalho publicado por Huxley que os paleontólogos começaram a buscar com maior determinação dados que pudessem esclarecer esse dilema. O interesse renovado pelo assunto reflete a adoção de uma abordagem mais ampla e integrada à interpretação dos fósseis: o surgimento da *paleobiologia*. Conforme discutido no Capítulo 2, algumas observações muito abrangentes foram feitas por Robert Bakker sobre o caso da endotermia nos dinossauros. Vamos analisar agora esses e outros argumentos com mais detalhes.

Novas abordagens: evidências climáticas nos fósseis?

Foram feitas algumas tentativas de investigar até que ponto os fósseis poderiam ser usados para reconstruir o ambiente climático no passado. Em grande parte, animais endotérmicos (basicamente mamíferos e aves) não são bons indicadores de condições climáticas, porque são encontrados em todos os lugares, desde regiões equatoriais até polares. Esse tipo de fisiologia (bem como o uso inteligente do isolamento térmico) permite que essas criaturas operem de forma mais ou menos independente ao clima. Em contrapartida, animais ectotérmicos, como lagartos, cobras e crocodilos, dependem muito das condições climáticas do ambiente, o que faz com que eles sejam encontrados principalmente nas áreas mais quentes do planeta.

O uso dessa abordagem para se examinar a distribuição geográfica de animais claramente ectotérmicos e endotérmicos nos registros fósseis revelou-se eficaz, mas também trouxe à tona diversas questões interessantes. Por exemplo: como eram os ancestrais evolutivos diretos dos mamíferos endotérmicos no Permiano e no Triássico? Eles podiam controlar a temperatura interna do corpo? Em caso afirmativo, como isso teria afetado sua distribuição geográfica? E o que é ainda mais importante neste contexto, já que os dinossauros pareciam ter uma distribuição tão ampla: seriam eles capazes de controlar a temperatura interna do corpo como os endotermos?

Padrões nos registros fósseis

A base da teoria formulada por Bakker sobre a endotermia nos dinossauros era o padrão encontrado na sucessão dos tipos de animais no início da Era Mesozoica. Durante o período que se estendeu até o final do Triássico, répteis sinapsídeos foram de longe as criaturas mais abundantes e diversificadas em terra.

Bem no final do Triássico e no início do Jurássico (205 Ma), os primeiros verdadeiros mamíferos surgiram na Terra sob a forma de pequeninas criaturas parecidas com musaranhos. Em contraste, a última parte do Triássico também foi marcada pelo surgimento dos primeiros dinossauros (225 Ma) e, ao longo da transição entre o Triássico para o Jurássico, os dinossauros passaram por um processo de imensa disseminação e diversificação, firmando-se claramente como os membros dominantes da fauna terrestre. Esse equilíbrio ecológico (com alguns poucos mamíferos pequenos e provavelmente noturnos vivendo ao lado de dinossauros abundantes, imensos e cada vez mais diversificados) foi mantido pelos 160 milhões de anos seguintes até o final do Período Cretáceo (65 Ma).

Já quanto aos animais modernos, todos nós aceitamos a ideia de que os mamíferos, junto com as aves, são os vertebrados terrestres mais abundantes e diversificados do planeta. Os mamíferos são criaturas ágeis, inteligentes e altamente adaptáveis, sendo que grande parte desse "sucesso" nos dias de hoje pode ser atribuído às suas características fisiológicas: metabolismo acelerado, o que permite a manutenção de uma temperatura interna alta e constante, uma complexa química corporal, cérebro comparativamente grande e corpo endotérmico. Em contrapartida, em geral vemos os répteis como animais menos diversificados e adaptáveis às condições climáticas, o que pode ser explicado em grande parte pelo fato de terem um metabolismo muito mais lento e dependerem de fontes externas de calor para manterem seus corpos aquecidos e quimicamente operantes, e também por apresentarem níveis de atividade mais baixos e intermitentes, como resultado de sua fisiologia ectotérmica.

Essas observações abertamente genéricas nos permitem criar expectativas sobre o que pode ser projetado sobre os registros fósseis. Levando isso em conta, poderíamos imaginar que o surgimento dos primeiros verdadeiros mamíferos no período limite entre o Triássico e o Jurássico em um mundo até então dominado por répteis desencadearia um rápido processo de evolução e diversificação dos mamíferos e o declínio dos dinossauros. Assim sendo, os registros fósseis dos mamíferos deveriam mostrar um rápido crescimento em número e em diversidade no início do Jurássico até uma dominação completa dos ecossistemas na Era Mesozoica. No entanto, os registros fósseis mostram exatamente o contrário: os dinossauros (reptilianos) assumiram o domínio do planeta no final do Triássico (220 Ma) e os mamíferos só começaram a se desenvolver em tamanho e diversidade após a extinção dos dinossauros, no final do Cretáceo (65 Ma).

A explicação sugerida por Bakker para essa inesperada série de eventos foi que os dinossauros só poderiam ter alcançado esse sucesso evolutivo frente aos verdadeiros mamíferos se também tivessem metabolismos acelerados similares ao dos animais endotérmicos e pudessem manter seus corpos ativos e dispostos como os mamíferos modernos. Os dinossauros simplesmente *precisariam* ser endotérmicos – era essa a verdade mais lógica para Bakker. Embora os padrões revelados pelos registros fósseis fossem de fato muito claros, as provas científicas necessárias para sustentar essa "verdade" ainda precisavam ser reunidas e testadas.

Pernas, cabeças, corações e pulmões

Os dinossauros andavam com as patas logo abaixo do corpo sob pernas retas e fortes como pilares. As únicas criaturas que também adotam essa mesma postura são as aves e os mamíferos, enquanto todas as outras andam com as pernas projetadas para o lado sob o corpo. Muitos dinossauros também tinham membros esguios e corpos que pareciam ágeis, o que nos leva a pensar que a natureza nunca faz nada sem um motivo. Se o fóssil de um animal apresenta uma estrutura que o permitiria ser ágil, era provavelmente assim que ele se comportava, e também podemos imaginar que ele deveria ter um "motor" muito eficaz, ou seja, uma fisiologia endotérmica que o permitia ser o mais dinâmico possível. No entanto, é preciso avaliar esse argumento com cuidado, já que alguns ectotermos também podem se mover com muita agilidade – crocodilos e dragões-de-komodo podem correr mais rápido do que seres humanos! Por outro lado, o fator crucial é que esses animais não são capazes de manter esses níveis de atividade – seus músculos consomem uma grande quantidade de oxigênio muito rápido e eles precisam descansar para que os músculos se recuperem. Em contrapartida, os endotermos podem se mover com agilidade por longos períodos de tempo graças a um sistema sanguíneo de alta pressão e pulmões eficientes que abastecem os músculos de oxigênio rapidamente.

Outro ponto dessa tese sugere que o bipedalismo é um traço exclusivo dos endotermos, já que muitos mamíferos, todas as aves e vários dinossauros são bípedes. Esse argumento não se refere apenas ao estilo de movimentação em si, mas também à forma como essa postura é mantida. Os quadrúpedes contam com uma vantagem considerável ao se movimentarem: a estabilidade. Já os bípedes são instáveis por natureza e caminham usando um sofisticado mecanismo de sensores para monitorar seu equilíbrio, assim como um ágil sistema de coordenadas (o cérebro e o sistema nervoso central) e músculos de reflexos rápidos para corrigir e manter o equilíbrio do corpo.

O cérebro é uma peça central nessa "equação" dinâmica e deve ser capaz de operar com agilidade e eficiência. Isso significa que o corpo precisa fornecer suprimentos constantes de oxigênio, alimento e calor para permitir que a química cerebral trabalhe em níveis ótimos o tempo todo. O pré-requisito para esse tipo de estabilidade é uma fisiologia endotérmica "estável". Os seres ectotérmicos diminuem periodicamente seus níveis de atividade quando está frio, por exemplo, e reduzem o suprimento de nutrientes para o cérebro, que é muitas vezes menos sofisticado e integrado às funções gerais do corpo.

Outra observação relacionada à postura está ligada à eficiência do coração e ao potencial para manter altos níveis de atividade. Muitos pássaros, mamíferos e dinossauros apresentam uma postura corporal ereta em que a cabeça em geral fica em uma posição mais elevada do que o coração. Essa diferença de altura traz consequências hidrostáticas importantes. Como a cabeça está mais acima, o coração precisa ser capaz de bombear sangue com uma pressão alta o suficiente para que ele chegue ao cérebro. No entanto, o sangue que é bombeado ao mesmo tempo a cada batimento cardíaco para os pulmões deve circular com uma pressão mais baixa para não estourar as delicadas ramificações pulmonares. Para possibilitar essa diferença, o coração dos mamíferos e das aves é dividido fisicamente ao meio, para que o lado esquerdo (circuito sistêmico, que alimenta a cabeça e o corpo) possa usar uma pressão mais alta do que o direito (circuito pulmonar, que alimenta os pulmões).

Todos os répteis vivos mantêm a cabeça mais ou menos no mesmo nível do coração, que não é dividido ao meio como visto nos mamíferos e nas aves, uma vez que não existe a necessidade de dividir seus circuitos entre sistêmico e pulmonar. Curiosamente, o coração e o sistema circulatório dos répteis trazem vantagens a essas criaturas; elas podem desviar o fluxo de sangue em seus corpos de uma forma que os mamíferos jamais conseguiriam. Por exemplo, os ectotermos passam muito tempo sob o sol a fim de aquecerem seus corpos. Enquanto se aquecem, eles podem desviar o sangue para a pele, onde ele será usado para absorver calor (como a água nos tubos de um sistema de painéis solares). A maior desvantagem desse sistema é o fato de que o sangue não pode circular com uma pressão maior – uma característica essencial para qualquer criatura que deseje manter altos níveis de atividade e precise fornecer alimento e oxigênio aos seus músculos.

Todas essas considerações nos levam a concluir que os dinossauros deveriam ter um sistema circulatório de alta pressão, compatível com os altos níveis estáveis de atividade que só são vistos entre os endotermos modernos. Esse conjunto mais abrangente e elaborado de ideias apoia e reflete a provocativa especulação proposta por Richard Owen.

A eficiência do coração e de seu sistema circulatório está intimamente associada à capacidade de fornecer oxigênio aos músculos para permitir altos níveis de atividade aeróbica. Em alguns grupos de dinossauros, especialmente entre os terópodes e os gigantescos sauropodomorfos, foram encontradas instigantes indicações anatômicas sobre a estrutura e a função dos pulmões. Nesses dois grupos de saurísquios (mas não entre os ornitísquios), é possível ver traços de bolsas ou cavidades características (chamadas pleurocelos) nas laterais das vértebras da coluna. Por si só, isso poderia não ter atraído muita atenção; no entanto, as aves modernas mostram traços similares compatíveis com a ampla presença de sacos aéreos. Essas estruturas fazem parte de um mecanismo similar a um fole, que permite aos pássaros respirar

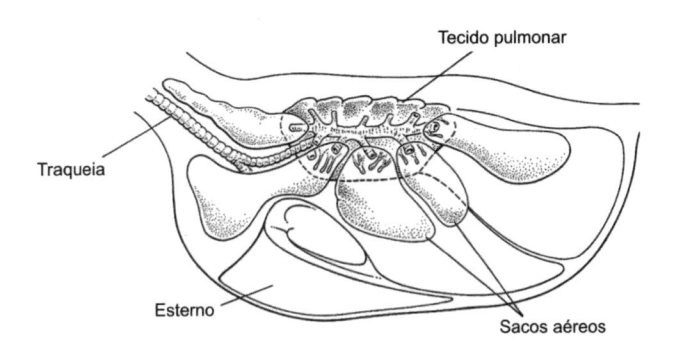

33. Os sacos aéreos viabilizam um sistema respiratório de alta eficiência nas aves.

com grande eficiência. É muito provável que os dinossauros saurísquios tivessem pulmões similares aos das aves e, por consequência, bastante eficientes.

Essa observação sem dúvida alguma sustenta a hipótese de que alguns dinossauros (terópodes e sauropodomorfos) eram capazes de manter altos níveis de atividade aeróbica. No entanto, isso também reafirma a ideia de que nem todos os dinossauros (saurísquios e ornitísquios) eram iguais em termos fisiológicos, uma vez que os ornitísquios não apresentam nenhum sinal de sacos aéreos em seus fósseis.

A "sofisticação" dos dinossauros e o tamanho de seus cérebros

Embora a linha de raciocínio que veremos a seguir não sirva como regra para todos os dinossauros, ela é instrutiva por mostrar como esse fenômeno afetava *alguns* dinossauros. O exemplo clássico é o dromeossaurídeo *Deinonychus* (Figura 29) de John Ostrom. Conforme explicado no Capítulo 2, esse dinossauro era um predador de olhos grandes que com certeza era capaz de correr muito rápido a julgar pelas suas proporções e por sua estrutura geral. Além disso, ele contava com uma distinta cauda rígida e estreita, polegares internos pontiagudos como arpões nas patas traseiras e longos braços com garras afiadas. É plenamente aceitável imaginar que esse animal era preparado para ser um predador veloz, capaz de usar sua cauda estreita para auxiliá-lo a manter o equilíbrio dinâmico (jogando-a de um lado para o outro para mudar de direção rapidamente no meio de uma corrida) e também de saltar contra a presa, que então era abatida usando as garras em seus pés. Ninguém nunca viu um *Deinonychus* em ação, mas essas hipóteses têm como base as características do esqueleto e são sustentadas em parte pela descoberta de um notável fóssil na Mongólia.

Esse achado trouxe à tona dois dinossauros, o pequeno herbívoro ceratopsídeo *Protoceratops* e um parente próximo do *Deinonychus* conhecido como *Velociraptor*. Esse extraordinário fóssil mostra as duas criaturas no meio de uma batalha mortal pouco antes de provavelmente terem sido soterradas por uma tempestade de areia enquanto lutavam. O *Velociraptor* estava agarrado à cabeça da presa com seus longos braços enquanto golpeava a garganta da pobre vítima com os pés.

Essa tamanha "sofisticação" da estrutura e, por dedução, do modo de vida desses dinossauros sugere fortemente níveis de atividade mais similares aos vistos entre os endotermos modernos.

Na mesma linha do argumento citado na discussão sobre o bipedalismo entre os dinossauros, os cérebros dos mamíferos e das aves são grandes e ambos os grupos demonstram o que parece ser um comportamento inteligente. Em contrapartida, os répteis ectotérmicos têm cérebros menores e não são muito conhecidos por suas capacidades intelectuais (embora isso seja em parte apenas uma ficção que nós inventamos). No entanto, não parece existir qualquer ligação direta entre o tamanho do cérebro e a endotermia. Cérebros grandes são estruturas bastante complexas que exigem um constante abastecimento de oxigênio e alimento, assim como uma temperatura estável para operar com eficiência. Os répteis ectotérmicos são claramente capazes de fornecer alimento e oxigênio aos seus cérebros sem problemas, mas suas temperaturas corporais variam ao longo do dia, o que os impede de atender todas as necessidades que um cérebro grande e sofisticado exige.

Tradicionalmente, os dinossauros não são vistos como animais muito inteligentes (o cérebro do tamanho de uma noz do *Stegosaurus* é sempre citado como um exemplo clássico). No entanto, Jim Hopson da Universidade de Chicago despendeu grandes esforços para retificar essa visão, que é um tanto equivocada. Através de uma comparação entre o volume cerebral e o volume corporal de diversos animais, incluindo dinossauros, Hopson conseguiu mostrar que a maioria dos dinossauros de fato tinha cérebros de tamanho tipicamente reptiliano. No entanto, alguns pareciam ser bem mais privilegiados nesse sentido – não surpreendentemente, esses eram os terópodes bípedes com altos níveis de atividade.

Distribuições latitudinais

No início deste capítulo, foi mencionado que o mapeamento da distribuição geográfica foi um dos fatores que suscitaram um estudo mais detalhado sobre a fisiologia dos dinossauros. Nos últimos tempos, trabalhos vêm mostrando a descoberta de vários fósseis na área de Yukon na América do Norte, assim como na Austrália e na Antártica. Essas áreas estariam ligadas às suas respectivas regiões polares durante o Cretáceo, o que também vem sendo usado para sustentar a ideia de que os dinossauros precisariam ter sido endotérmicos para sobreviver nesses lugares. Afinal, não há hoje nenhum vertebrado terrestre ectotérmico capaz de viver nessas latitudes.

No entanto, após uma cuidadosa análise, essas observações são menos persuasivas do que parecem à primeira vista. Evidências encontradas em fósseis de plantas sugerem que vegetações mediterrâneas e subtropicais existiram nessas regiões polares durante o Cretáceo. Esses tipos de vegetação costumam perder as folhas de tempos em tempos, provavelmente em resposta à menor luminosidade e às baixas temperaturas do inverno. Ao que parece, não há nenhum sinal de que as calotas polares tenham existido durante o Cretáceo e é muito provável que as temperaturas tenham sido bastante amenas até mesmo nas mais altas latitudes, pelo menos durante o verão. Dadas essas circunstâncias, é possível imaginar que os dinossauros migravam para o norte ou sul, dependendo da estação, para se aproveitar das pastagens mais abundantes. Assim sendo, a descoberta de fósseis em altas latitudes durante a Era Mesozoica pode ser uma evidência da amplitude migratória desses dinossauros, e não de que eles de fato viviam nessas regiões polares.

Considerações ecológicas

O estudo das estruturas comunitárias durante a Era Mesozoica foi uma das ideias mais inovadoras de Bakker na busca por sinais que indicassem a fisiologia dos dinossauros. O conceito parece ser muito simples: animais endotérmicos e ectotérmicos precisam de quantidades diferentes de alimento para sobreviver, e essas quantidades refletem o "custo operacional" associado à fisiologia de cada criatura. Os endotermos, como mamíferos e aves, têm um alto custo operacional porque queimam grande parte do que consomem para gerar calor corporal. Em contrapartida, os ectotermos precisam de muito menos alimento, já que muito pouco é usado para produzir calor. Em termos gerais, um ectotermo precisa de apenas 10%, ou até muito menos, do alimento que um endotermo de tamanho similar.

Com base nessa observação e no fato de que a economia geral da natureza tende a manter níveis de oferta e demanda mais ou menos equilibrados, Bakker sugeriu que análises censitárias das comunidades encontradas nos registros fósseis poderiam revelar indicações sobre o equilíbrio entre predadores e presas e, por consequência, sobre a fisiologia desses animais. Ele estudou as coleções de diversos museus para reunir as informações necessárias, que incluíam dados sobre comunidades de répteis pré-históricos (paleozoicos), dinossauros (mesozoicos) e mamíferos relativamente mais recentes (cenozoicos). Os resultados foram interessantes:

as comunidades de répteis paleozoicos pareciam apresentar números mais ou menos equivalentes de predadores e presas. No entanto, as de dinossauros e de mamíferos cenozoicos mostravam uma preponderância de presas e uma quantidade muito pequena de predadores.

A princípio, a comunidade científica ficou impressionada com esses resultados. No entanto, existem agora dúvidas consideráveis sobre a validade dos dados originais. Usar coleções de museus para estimar o número de predadores e presas é um método pouco confiável: não há qualquer prova de que os animais contados de fato viveram juntos; há um enorme viés em termos do material que foi (ou não foi) coletado na época da escavação; e, por fim, é impossível comprovar as hipóteses feitas sobre quais animais um predador poderia ou não comer e, mesmo que houvesse algum tipo de sinal biológico, isso certamente só se aplicaria ao predador. Além disso, estudos sobre comunidades de ectotermos modernos revelaram que a quantidade de predadores pode equivaler a apenas 10% de suas presas em potencial, como nas proporções encontradas por Bakker nas comunidades de supostos endotermos.

Esse é um excelente exemplo de uma brilhante ideia que infelizmente não se sustenta, porque os dados disponíveis simplesmente não fornecem resultados com qualquer validade científica.

Histologia óssea

Muitos estudos vêm tentando descobrir maiores detalhes sobre a estrutura interna dos ossos dos dinossauros. A composição mineral desses ossos em geral não é afetada pela fossilização. Como resultado disso, muitas vezes é possível produzir secções finas do osso que revelam sua estrutura interna (histologia) com detalhes impressionantes. Observações preliminares sugeriram que os ossos dos dinossauros apresentavam estruturas internas muito mais parecidas com as que podem ser vistas entre os mamíferos endotérmicos modernos do que entre os ectotermos atuais.

Em temos gerais, os ossos, tanto de mamíferos quanto de dinossauros, revelaram altos níveis de vascularização (porosidade), o que não ocorre entre os ectotermos. Esse tipo de estrutura óssea altamente vascularizada pode ter diversas origens diferentes. Um padrão fibrolamelar, por exemplo, reflete estágios muito rápidos de crescimento ósseo. Já o padrão haversiano representa uma fase de fortalecimento do osso por meio de uma remodelagem que ocorre mais tarde na vida do indivíduo.

Sabemos hoje que diversos fósseis revelam sinais de que os dinossauros pareciam ser capazes de crescer de forma muito rápida e que também tinham a habilidade de fortalecer seus ossos através de remodelagens internas. Em certos casos, esses fósseis mostram interrupções periódicas nos padrões de crescimento (como nas intermitências encontradas em ossos de répteis modernos), mas esse tipo de crescimento não é nem um pouco uniforme. Da mesma forma, o que é menos provável, alguns endotermos (tanto aves quanto mamíferos) mostram um tipo de estrutura óssea (zonal) que apresenta pouquíssima vascularização, enquanto alguns ectotermos modernos podem contar com ossos altamente vascularizados em certas partes do esqueleto. No entanto, não há nenhuma correlação clara entre a fisiologia de um animal e a estrutura interna de seus ossos.

Uma visão geral sobre a fisiologia dos dinossauros

Toda essa discussão mostra a imensa diversidade das abordagens já usadas para se tentar entender melhor o metabolismo dos dinossauros.

Robert Bakker teve uma postura pouco questionadora ao analisar o significado da substituição dos mamíferos pelos dinossauros como grupo dominante no início do Jurássico. Ele argumentou que esse fenômeno só poderia ter ocorrido se os dinossauros fossem capazes de competir com o modelo endotérmico "superior" dos mamíferos: para tanto, eles simplesmente precisariam ser endotérmicos também. Mas seria verdade? A resposta, no entanto, é não... não necessariamente, pelo menos.

No final do Triássico e bem no início do Jurássico, o planeta apresentava um ambiente que seria bastante inóspito para nós, seres humanos mamíferos. Grande parte do continente de Pangeia era dominada na época por condições sazonais, mas geralmente áridas, que espalharam desertos pelo mundo todo. Esse ambiente marcado por altas temperaturas e poucas chuvas exerce fortes pressões seletivas sobre metabolismos endotérmicos e ectotérmicos de maneiras muito diferentes.

Como já discutimos, os ectotermos precisam de menos alimento do que os endotermos e, por isso mesmo, são mais adaptados para sobreviverem a períodos de baixa produtividade biológica. Os répteis têm a pele escamosa, o que é útil para evitar a perda de água em condições secas e desérticas, e também excretam um material seco e pastoso (similar às fezes das aves) em vez de urina. Ambientes quentes são favoráveis aos ectotermos por permitirem que esses animais mantenham suas temperaturas internas em níveis ótimos com relativa facilidade. Em resumo, os ectotermos, com suas características reptilianas clássicas, podem viver muito bem em condições desérticas.

Endotermos, como os mamíferos, passam por um grande estresse fisiológico em condições de altas temperaturas. Os mamíferos são "preparados" para perder calor do corpo para o ambiente (seus organismos tendem a manter suas temperaturas internas em níveis geralmente superiores aos do ambiente) e ajustar suas condições fisiológicas conforme necessário. Quando estão com frio, os mamíferos conseguem reduzir a perda de calor de seus corpos eriçando os pelos para reter o ar e aumentar a eficiência do isolamento térmico, "tremem" para gerar calor muscular extra, ou aceleram o metabolismo. No entanto, em ambientes de altas temperaturas, a necessidade de perder calor para evitar um superaquecimento é crucial. O resfriamento por evaporação é uma das poucas opções disponíveis, o que pode acontecer através de uma respiração ofegante ou pela sudorese na superfície da pele. Esses dois processos extraem grandes volumes de água do corpo. Em condições desérticas, a perda de água, que em geral é muito rara, pode ser fatal. Além disso, os mamíferos excretam os subprodutos de seus metabolismos através da urina, que é uma solução líquida. Junto com esses problemas de excesso de calor e perda de água, os mamíferos precisam de grandes quantidades de alimento para sustentar a fisiologia endotérmica. Áreas desérticas costumam apresentar baixa produtividade, o que limita os suprimentos de alimento e impede que grandes populações de endotermos se sustentem.

Visto por um prisma meramente ambiental, o mundo, durante o final do Triássico e início do Jurássico, era bastante incomum. Nessa época, é provável que o ambiente fosse mais favorável aos ectotermos e restringisse os primeiros mamíferos a animais de pequeno porte e a nichos em maior parte noturnos. Nos desertos de hoje, quase todos os mamíferos (com a notável exceção dos camelos) são roedores insetívoros pequenos e exclusivamente noturnos. Esses animais sobrevivem ao calor extremo durante o dia abrigando-se em tocas sob a superfície, onde as condições são mais amenas e úmidas, e saem apenas à noite, assim que a temperatura cai, momento em que usam seus sentidos aguçados para caçar insetos.

A grande aridez que marcou o período entre o final do Triássico e o início do Jurássico acabou sendo amenizada conforme a Pangeia começou a se desmembrar e mares rasos epicontinentais se espalharam por entre as massas de terra. Desse ponto em diante, o regime climático geral parece ter se tornado quente e úmido ao extremo, sendo que essas condições prevaleciam ao longo de bandas latitudinais muito amplas. É importante ressaltar que as regiões polares nunca estiveram cobertas de gelo durante a existência dos dinossauros. Levando em conta toda a história da Terra, a configuração global na qual vivemos hoje é muito singular pelo fato de que os polos norte e sul estão cobertos de gelo, criando assim bandas latitudinais climáticas bastante estreitas. Sob essas condições jurássicas relativamente mais acolhedoras, os níveis de produtividade tiveram um aumento dramático: imensos depósitos de carvão foram encontrados em áreas onde antes existiram densas florestas. Assim sendo, não é nenhuma surpresa constatar que a amplitude e a diversidade dos dinossauros dispararam no Jurássico.

Teriam os dinossauros uma fisiologia única?

Os dinossauros são conhecidos por serem criaturas enormes. Até mesmo os de tamanho médio tinham de cinco a dez metros de comprimento, o que ainda é bem grande para os nossos padrões – sendo que os mamíferos atuais têm em média apenas o tamanho de um gato ou cachorro pequeno. Nunca existiu, por exemplo, nenhum dinossauro do tamanho de um rato (a não ser enquanto filhote).

Em algumas circunstâncias, criaturas grandes contam com certas vantagens. Uma delas é que animais maiores tendem a perder e absorver calor de forma muito mais lenta do que os menores. Por exemplo, crocodilos adultos conseguem manter uma temperatura corporal bastante estável o tempo todo, enquanto os filhotes apresentam uma amplitude térmica interna que reflete o ciclo entre o dia e a noite. Por consequência, as temperaturas internas dos dinossauros deveriam variar muito pouco. O grande porte também exigiria muito esforço dos músculos posturais para evitar que seus corpos desabassem com o próprio peso. Esse constante "trabalho" muscular produz quantidades significativas de energia (da mesma forma que ficamos "corados" de calor depois de muito exercício físico) que também poderiam ajudar a manter a temperatura interna do corpo.

Além das vantagens trazidas pelo tamanho, já vimos que a possível agilidade e postura dos dinossauros, muitas vezes com a cabeça bem acima do peito, são um forte indício de que contavam com corações divididos e muito eficientes, capazes de fazer circular oxigênio, alimento e calor com rapidez pelo corpo, bem como de excretar os subprodutos tóxicos de seus metabolismos. O fato de que os dinossauros saurísquios provavelmente tinham sistemas pulmonares semelhantes aos das aves enfatiza ainda mais a capacidade que esses animais tinham de fornecer o oxigênio necessário aos seus tecidos durante exercícios intensos e aeróbicos.

Levando em conta apenas esses fatores, é bem provável que os dinossauros tivessem vários dos atributos que nós associamos hoje à endotermia, conforme são vistos nos mamíferos e pássaros modernos. Além disso, os dinossauros costumavam ser grandes, o que lhes garantia uma relativa estabilidade térmica, e viveram durante um período de clima global bastante quente e não sazonal.

Talvez os dinossauros tenham sido os felizes herdeiros de um tipo ideal de biologia que lhes permitiu prosperar sob as condições climáticas singulares predominantes durante a Era Mesozoica. No entanto, por mais convincente que esse argumento possa parecer agora, ele ainda não leva em consideração outra série de evidências cruciais que surgiram ao longo dos últimos anos: a grande proximidade entre os dinossauros e as aves.

Capítulo 6

E se... as aves forem dinossauros?

Graças ao brilhante trabalho de John Ostrom, publicado nos anos 70, as evidências anatômicas que sustentam uma relação entre os dinossauros e as aves agora são tão detalhadas que é possível reconstruir passo a passo o processo evolutivo através do qual alguns terópodes dromeossaurídeos talvez tenham se transformado nas primeiras aves.

Terópodes primitivos pequenos, como o *Compsognathus,* tinham uma aparência similar à de um pássaro (pernas finas e compridas, pescoço longo e uma cabeça pequena com olhos grandes e voltados para frente), mesmo ainda apresentando traços típicos de um dinossauro, como mãos com garras, dentes nas mandíbulas e uma longa cauda robusta.

Terópodes dromeossaurídeos

Esses dinossauros similares a aves apresentavam uma série de alterações anatômicas interessantes em relação à estrutura corporal básica dos terópodes. Algumas delas bastante sutis, mas outras nem tanto.

Uma característica notável é o afinamento da cauda, que se tornou muito estreita e rígida, formada por grupos de ossos longos e finos e com a única parte flexível próxima ao quadril (Figura 16, acima). Conforme já foi discutido, essa cauda fina como uma vara poderia ser usada como uma valiosa ferramenta de equilíbrio durante a perseguição de presas ágeis e esquivas. No entanto, esse tipo de cauda alterou dramaticamente a postura desses animais, uma vez que ela não agia mais como um musculoso contrapeso para a porção dianteira do corpo. Sem nenhuma outra mudança estrutural, esses dinossauros perderiam o equilíbrio, caindo o tempo todo de focinho no chão!

Para compensar a perda do peso na cauda, os corpos desses terópodes passaram por uma sutil adaptação: o osso da bacia, que marca a parte mais posterior da barriga e em geral é virado para frente e para baixo a partir do encaixe pélvico nos terópodes, ficava voltado para trás, paralelo ao ísquio (outro osso inferior do quadril). Graças a essa mudança, a barriga e os órgãos internos podiam ficar abaixo do quadril. Isso também jogava parte do peso do corpo para trás, compensando a perda da cauda mais encorpada. Essa configuração de ossos pélvicos, com o púbis voltado para trás, pode ser encontrada em aves modernas e pré-históricas, assim como em terópodes dromeossaurídeos.

Outra forma sutil de compensar a perda da cauda que atuava como contrapeso seria encurtar o peito na frente do quadril, o que também é visto nesses terópodes similares a aves. Além disso, a estrutura do peito mostra sinais de maior rigidez, o que provavelmente reflete os hábitos predatórios desses animais. Os braços longos e as mãos com garras eram importantes para agarrar e subjugar as presas e precisavam ser muito fortes. A região do peito sem dúvida deve ter sido fortalecida para ancorar melhor os braços e ombros e sustentar o maior impacto associado a esse tipo de atividade. Os pássaros também têm regiões peitorais curtas e muito rígidas para resistir ao estresse ligado aos movimentos dos poderosos músculos usados para voar.

Na frente do peito, entre as juntas dos ombros, existe um osso em forma de "V" (que são na verdade as clavículas fundidas vistas na Figura 17) que age como um espaçador similar a uma mola, separando os ombros, o que também ajudava a ancorá-los no lugar enquanto esses animais lutavam com suas presas. As aves também apresentam clavículas fundidas, formando a longa fúrcula ou "osso da sorte" que age de forma similar a uma mola responsável por separar as articulações dos ombros durante o bater das asas.

As articulações entre os ossos do braço e da mão também foram modificadas para girar para fora e para baixo com muita força e velocidade na hora de atacar presas, como o golpe de uma foice. Quando não estavam sendo usados, os braços podiam ficar dobrados contra o corpo. Esse tipo de sistema também era uma grande vantagem para essas criaturas, porque os músculos do braço responsáveis por esse mecanismo ficavam perto do peito, ligados a longos tendões que desciam pelo braço até a mão (em vez de terem músculos ao longo dos braços), o que formava uma espécie de sistema de controle remoto que mantinha o peso do corpo mais próximo do quadril, ajudando a minimizar o complexo problema de equilíbrio nesses terópodes. Esse mecanismo usado para atacar e dobrar os braços é muito similar ao das aves quando abrem e fecham as asas durante e após o voo.

Archaeopteryx

O fóssil da ave primitiva *Archaeopteryx* (Figura 16, abaixo) mostra vários traços característicos dos terópodes dromeossaurídeos: a cauda é uma longa série de vértebras muito finas que ancoram as penas de cada lado; os ossos do quadril são dispostos com o púbis voltado para trás e para baixo; na frente do peito, há uma fúrcula em forma de bumerangue; as mandíbulas apresentam dentes pequenos e pontudos em vez do bico córneo típico dos pássaros; os braços são longos e podem ser estendidos ou dobrados como nos terópodes; e as mãos têm três dedos com garras afiadas que, em termos de proporção e estrutura, são idênticas às vistas entre os terópodes dromeossaurídeos.

Alguns espécimes de *Archaeopteryx* foram preservados sob circunstâncias muito especiais que nos permitem ver uma série de penas perfeitamente delineadas ao longo de suas asas e das laterais na cauda, o que define essa criatura como um pássaro: as penas são vistas como um traço exclusivo das aves, comprovando essa afinidade. Esse é um dos motivos pelos quais o *Archaeopteryx* é visto como um fóssil tão importante e vem sendo alvo dessa comparação. É interessante pensar em como esse animal poderia ter sido classificado caso suas penas por algum motivo não tivessem sido preservadas. Ele provavelmente seria encarado como um estranho e pequeno espécime de terópode dromeossaurídeo!

Maravilhas chinesas

Durante a década de 90, explorações realizadas em minas na Província de Liaoning, no nordeste da China, come-

34 Desenho de um *Archaeopteryx*.

çaram a revelar fósseis incríveis e muito bem-preservados do Cretáceo Inferior. A princípio, foram encontradas aves primitivas em excelente estado, como o *Confuciusornis,* e ossadas que apresentavam marcas de penas, bicos e garras. Tempos depois, em 1996, Ji Qiang e Ji Shu'an encontraram um esqueleto completo de um pequeno dinossauro terópode de anatomia e proporções muito similares às do já bem conhecido terópode *Compsognathus* (Figura 14) e o batizaram de *Sinosauropteryx*. Esse dinossauro era especial porque apresentava uma série de estruturas filamentosas ao longo da coluna e pelo corpo todo, sugerindo algum tipo de cobertura corporal que lembrava as franjas de um tapete rústico. Além disso, também foram encontradas evidências de tecidos moles na órbita do olho e na região da barriga. Esse fato deixou claro que alguns pequenos terópodes contavam com algum tipo de cobertura corporal. Essas descobertas incentivaram a busca por novos fósseis em Liaoning, que passaram a ser encontrados com incrível regularidade, trazendo à tona algumas revelações realmente extraordinárias.

Pouco após a descoberta do *Sinosauropteryx,* um outro esqueleto foi encontrado. Esse animal, chamado *Protoarchaeopteryx,* foi o primeiro a mostrar a presença de penas autênticas em sua cauda e nas laterais do corpo, além de ter uma anatomia muito mais similar à dos dromeossaurídeos do que o *Sinosauropteryx.* Outra descoberta revelou um animal muito parecido com o *Velociraptor,* que foi chamado de *Sinornithosaurus* (também coberto pelo que parecia ser uma "franja" de filamentos curtos). Outros achados trouxeram à tona o *Caudipteryx,* uma criatura grande (do tamanho de um peru) de braços relativamente curtos que se distinguia por ter um pronunciado tufo de penas na cauda e franjas de penas mais curtas ao longo dos braços; dromeossaurídeos menores e cobertos de penas; e até um incrível dromeossaurídeo de "quatro asas" que ficou conhecido como *Microraptor,* na primavera de 2003. Essa criatura era um típico dromeossaurídeo, com uma cauda longa e estreita, pélvis similar à de uma ave, braços longos e mandíbulas com fileiras de dentes afiados. A cauda era coberta por penas primárias, e o corpo, por uma espécie de penugem. No entanto, o mais incrível era a preservação das penas ao longo dos braços, que formava asas similares às do *Archaeopteryx,* e das partes inferiores das pernas, dando a ele o que pareciam ser "quatro asas".

A avalanche de novas descobertas cada vez mais surpreendentes nessas minas de Liaoning foi tão intensa que é quase impossível imaginar o que poderá ser encontrado no futuro.

Aves, terópodes e a questão da fisiologia dos dinossauros

As impressionantes descobertas de Liaoning contribuíram muito para a discussão anterior sobre a biologia e a fisiologia dos dinossauros. No entanto, como sempre, elas não respondem a todas as perguntas que gostaríamos.

Antes de tudo, hoje sabemos que os paleontólogos vitorianos estavam errados: afinal, as penas não são a única característica definidora das aves. Foram encontrados diversos tipos de coberturas corporais entre as várias espécies de dinossauros terópodes, como filamentos irregulares, penugens e até mesmo plumagens completas e penas usadas para voar. As descobertas feitas em Liaoning nos levam a pensar em até que ponto essas coberturas corporais eram disseminadas, não apenas entre os terópodes, mas talvez até entre outros grupos de dinossauros. Levando em conta a distribuição atual desse tipo de característica, não é nada absurdo imaginar que alguns gigantes como o *Tyrannosaurus rex* (um parente próximo do *Sinosauropteryx*) poderiam ter alguma cobertura epidérmica similar – mesmo que apenas enquanto filhotes. As respostas para essas perguntas tão instigantes continuam desconhecidas e talvez só possam ser encontradas através da descoberta de novos fósseis em estado de preservação similar aos de Liaoning.

Também não há duvida de que uma variedade considerável de terópodes com penas e criaturas que nós hoje identificamos como aves genuínas (animais com aparatos de voo bem desenvolvidos) coexistiram durante o Jurássico e o Cretáceo. O *Archaeopteryx* existiu durante o final do Jurássico (155 Ma), tinha penas e era claramente similar a um pássaro. No entanto, nós agora sabemos que o início do Cretáceo (por volta de 120 Ma) foi marcado pela presença de vários "ornitossauros", como o *Microraptor* e seus parentes, ao lado de aves verdadeiras. A imensa diversidade ou exuberância biológica desses "ornitossauros" é espantosa e, até certo ponto, obscurece as origens evolutivas dos verdadeiros pássaros que vemos no mundo de hoje.

Do ponto de vista fisiológico, no entanto, as provas da existência de terópodes com algum tipo de cobertura isolante apontam de forma muito conclusiva para o fato de que (pelo menos) esses dinossauros eram endotermos genuínos. Existem dois motivos para se pensar assim:

I) Muitos desses dinossauros com penas eram pequenos (tendo de 20 a 30 centímetros de comprimento) e, como sabemos, animais menores apresentam uma área de superfície relativamente grande e perdem calor para o ambiente com muita rapidez. Assim sendo, esses filamentos (similares aos pelos vistos em mamíferos) e penas podem ter surgido para garantir um isolamento térmico caso essas criaturas gerassem calor interno.

II) Da mesma forma, a presença de uma camada isolante sobre a pele dificultaria ou até impediria que esses animais usassem o sol para se aquecer, já que essa camada os impediria de absorver esse calor como os ectotermos fazem. Por isso mesmo, a existência de lagartos com pelos ou penas é uma impossibilidade biológica.

Dinossauros e aves: um comentário evolutivo

As implicações trazidas por essas novas descobertas são fascinantes. Como já foi dito, com toda lógica e alguma contundência, os pequenos dinossauros terópodes eram animais muito ativos, ágeis e biologicamente "sofisticados". Portanto, são fortes candidatos à endotermia: até certo ponto, nossas suposições sobre o modo de vida dessas criaturas sugerem que elas teriam muitos benefícios sendo endotérmicas. As descobertas de Liaoning confirmam que muitos desses dinossauros altamente ativos e similares a aves eram animais pequenos. Esse é um fator crucial, já que endotermos de pequeno porte sofrem um forte estresse fisiológico, pois uma grande porcentagem do calor interno gerado pelos seus corpos pode ser perdida pela superfície da pele, fazendo com que precisem de algum tipo de isolamento térmico corporal para reduzir a perda de calor. Sendo assim, os pequenos dinossauros terópodes desenvolveram coberturas isolantes para evitar a perda de calor por serem endotermos – e não porque "queriam" se tornar aves!

As descobertas de Liaoning indicam o surgimento de diversos tipos de coberturas isolantes, provavelmente através de sutis adaptações no padrão de crescimento das escamas comuns, indo desde filamentos similares a pelos até plumagens completas. É bem provável que essas penas não tenham surgido como ferramentas de voo, mas sim por um motivo muito mais prosaico. Vários dos "ornitossauros" de Liaoning parecem ter tufos de penas na ponta da cauda (como o leque de uma gueixa) e franjas de penas ao longo dos braços, na cabeça e ao longo da coluna. Sem dúvida alguma, as condições de preservação dos fósseis podem ter afetado a forma e a posição dessas coberturas. No entanto, hoje nos parece ser pelo menos plausível supor que as penas talvez tenham surgido como estruturas ligadas ao comportamento desses animais: usadas como sinais de identificação, a exemplo das aves modernas, ou em rituais de acasalamento, muito antes que qualquer função genuína de voo chegasse a ser desenvolvida.

Nesse contexto, fica claro que a habilidade de pairar e voar, em vez de ser a condição absoluta para definir a origem das aves, acabou surgindo como um benefício posterior e "complementar". Sem dúvida, as penas têm potencial para usos aerodinâmicos. No entanto, como nas aves modernas, a capacidade de saltar e abanar suas plumagens pode ter servido para embelezar as exibições desses "ornitossauros" com fins de acasalamento. No caso do pequeno *Microraptor,* por exemplo, uma combinação de franjas de penas ao longo dos braços, pernas e cauda teriam o tornado capaz de se lançar pelos ares a partir de galhos ou de outra posição elevada. Por essa perspectiva, o ato de pairar e bater as asas durante um verdadeiro voo parece mesmo ser um "passo" comparativamente pequeno.

Os problemas de sempre

No entanto, não devemos nos empolgar demais com essas hipóteses. Ainda que as descobertas feitas em Liaoning sejam de fato muito importantes por oferecerem um detalhado panorama da evolução dos dinossauros e das aves ao longo do Cretáceo, elas não trazem necessariamente todas as respostas. Uma questão crucial que precisa ser lembrada é o fato de que as minas de Liaoning se formaram no Cretáceo Inferior, então seus fósseis são consideravelmente mais novos (pelo menos 30 Ma) do que o primeiro dinossauro bem-preservado com penas e asas complexas e bem-desenvolvidas, o *Archaeopteryx*. Independente de qual tenha sido o caminho que levou ao surgimento dos primeiros dinossauros voadores e, por consequência, das primeiras aves, está claro que os incríveis animais emplumados de Liaoning não foram o ponto de partida.

O que essas descobertas mostram é apenas um exemplo da diversificação evolutiva dos terópodes (e de alguns pássaros verdadeiros), e não a origem das aves em si, evento que ainda continua oculto entre sedimentos do meio ou talvez até do início do Jurássico – muito antes do *Archaeopteryx* pairar pelos ares da Terra. Tudo o que sabemos por enquanto aponta para uma relação muito próxima entre os dinossauros terópodes e as primeiras aves, mas os verdadeiros ancestrais terópodes do *Archaeopteryx* ainda não foram encontrados. No entanto, é possível que novas descobertas espetaculares sejam feitas ao longo dos próximos anos e revelem essa parte da história.

O Capítulo 5 mostrou que os dinossauros viveram durante um período geológico favorável a criaturas ativas de grande porte que fossem capazes de manter temperaturas internas altas e estáveis sem sofrerem com as desvantagens de serem endotermos genuínos. Os "ornitossauros" de Liaoning sugerem que essa concepção poderia estar equivocada – os terópodes pequenos e com coberturas isolantes simplesmente precisariam ter sido endotérmicos, e a forte relação entre esses animais e as aves, que nós sabemos serem endotérmicas, reforça ainda mais esse argumento.

Minha resposta para isso é: bem, sim e não. Não restam muitas dúvidas de que os pequenos dinossauros terópodes emplumados eram endotermos em certo sentido. No entanto, acho que os argumentos usados para sugerir que a grande maioria dos dinossauros mais tradicionais era de homeotermos inerciais (seus corpos avantajados permitiriam uma temperatura interna estável) ainda se sustentam. Algumas evidências que apoiam essa minha visão podem ser encontradas entre os endotermos modernos. Os elefantes, por exemplo, têm um metabolismo muito mais lento do que o dos ratos – exatamente por esses motivos. Os ratos são criaturas pequenas que perdem calor com rapidez para o ambiente e precisam manter um metabolismo acelerado para compensar essa perda. Já os elefantes são animais grandes (quase como dinossauros) e mantêm uma temperatura interna estável graças ao seu tamanho, não apenas por serem endotérmicos. Na verdade, ser um endotermo de grande porte, até certo ponto, pelo menos, representa um desafio fisiológico. Os elefantes, por exemplo, podem ter problemas caso se movimentem com muita rapidez: seus músculos posturais e das pernas geram uma grande quantidade de calor químico extra, fazendo com que eles precisem usar suas grandes orelhas de "abano" para ajudá-los a dispersar esse calor, evitando assim um superaquecimento fatal.

Em geral, os dinossauros eram criaturas enormes, e seus corpos poderiam muito bem manter uma temperatura interna constante. Com base no exemplo do elefante, não seria interessante para os dinossauros serem endotermos genuínos em um mundo que já era bastante quente. Tendo evoluído fisiologicamente como endotermos inerciais (a manutenção de uma temperatura interna estável era possibilitada pelo grande porte desses animais), o único grupo que se distanciou dessa regra geral e evoluiu como criaturas de pequeno porte foi o dos terópodes dromeossaurídeos.

Com base apenas em sua anatomia, fica claro que os dromeossaurídeos eram muito ativos e deveriam ter se beneficiado da homeotermia, já que seus cérebros relativamente grandes exigiriam um constante suprimento de oxigênio e nutrientes. Paradoxalmente, a homeotermia não pode ser mantida em um corpo de pequeno porte sem nenhuma cobertura isolante devido à rápida perda de calor através da pele. Sendo assim, a escolha era muito simples: os pequenos terópodes teriam que ou abandonar seus modos de vida ativos para se tornarem criaturas com hábitos similares aos dos répteis comuns, ou precisariam aumentar sua produção de calor interno, tornando-se endotermos genuínos, desenvolvendo algum tipo de isolamento térmico e evitando a perda de calor. Portanto, minha teoria propõe que esse não é um caso de "tudo ou nada". A maioria dos dinossauros era composta basicamente por homeotermos inerciais que conseguiam sustentar seus altos níveis de atividade sem todos os custos de um sistema endotérmico similar ao dos mamíferos e pássaros. No entanto, os terópodes pequenos (e seus descendentes, as aves genuínas), os dromeossaurídeos em especial, foram obrigados a desenvolver um sistema homeotérmico e as coberturas isolantes associadas.

Capítulo 7

Pesquisas paleontológicas:
observação e dedução

Neste capítulo, diversas linhas investigativas serão exploradas para reforçar a ideia de que devemos usar abordagens variadas para compreender como viviam esses animais fossilizados.

Icnologia

Alguns ramos das pesquisas paleontológicas lembram muito o trabalho de um detetive, sendo o exemplo mais notável talvez o da icnologia – o estudo das pegadas.

> "Não há ramo da ciência da investigação que seja tão importante e tão negligenciado quanto a arte de identificar pegadas."
>
> (Conan Doyle, *Um estudo em vermelho*, 1891)

O estudo das pegadas deixadas pelos dinossauros tem uma história muito antiga. Alguns dos primeiros exemplares catalogados e exibidos foram encontrados em 1802, em Massachusetts, pelo jovem Pliny Moody enquanto arava um campo. Essas e outras marcas de patas com três dedos foram estudadas e identificadas por Edward Hitchcock, em 1836, como pegadas de aves gigantes; algumas delas ainda podem ser vistas no Museu Pratt da Faculdade de Amherst. A partir da metade do século XIX em diante, novas pegadas começaram a ser encontradas com bastante regularidade em diversas partes do mundo. Com o surgimento de uma melhor compreensão sobre a anatomia dos dinossauros, em especial sobre o formato de suas patas, os cientistas perceberam que essas grandes marcas de três dedos encontradas em rochas mesozoicas pertenciam na verdade a dinossauros, e não a aves gigantes. Apesar de todo o interesse gerado, essas pegadas não costumavam ser vistas como algo de grande valor científico. No entanto, ao longo dos últimos anos, em grande parte graças ao trabalho realizado por Martin Lockley na Universidade do Colorado, em Denver, essas pegadas estão sendo vistas cada vez mais como uma fonte de grandes revelações.

Em primeiro lugar, esses rastros registram as atividades dos dinossauros *em vida*. Pegadas individuais também revelam o formato básico dos pés e do número de dedos, o que muitas vezes pode ajudar a identificar o animal que as deixou, especialmente se algum esqueleto de dinossauro já tiver sido encontrado em rochas de idade semelhante pelas redondezas. Embora marcas individuais possam ser interessantes por si mesmas, uma série delas nos oferece um registro de como a criatura realmente se movia, revelando a orientação dos pés ao tocarem no chão, o comprimento da passada, a largura do rastro (o espaço entre a pata direita e a esquerda), possibilitando a recriação de como as pernas do animal se moviam. Além disso, usando como base os dados de diversas espécies vivas, também é possível calcular as velocidades a que essas criaturas estavam se movendo quando deixaram essas marcas. Esses cálculos são feitos medindo-se o tamanho das pegadas e da distância entre cada passo e estimando-se o comprimento da perna do animal. Embora possa parecer difícil estimar essa última variável com precisão, o tamanho das próprias pegadas é um ótimo guia (a julgar pelos dados de animais vivos); além disso, em alguns casos, são encontrados ossos de pés e pernas dos dinossauros que viveram durante a época em que as pegadas foram deixadas.

O formato das pegadas individuais também pode revelar informações importantes para que seja possível deduzir como esses animais se movimentavam: marcas largas e relativamente planas indicam que a pata inteira entrou em contato com o chão por um bom tempo, sugerindo uma passada mais lenta; em outros casos, as marcas mostram apenas as pontas dos dedos, o que indica que o animal talvez estivesse literalmente correndo na ponta dos pés.

35. Fileiras paralelas de pegadas deixadas por um grupo de saurópodes atravessando uma planície lamacenta.

Outro aspecto interessante dessas pegadas está ligado às circunstâncias que garantiram sua preservação. Como rastros não costumam ser deixados em um chão duro, é preciso que o solo esteja macio e um tanto úmido, idealmente com uma consistência lamacenta. Assim que as pegadas são feitas, é importante que não sejam muito afetadas por qualquer influência antes de se solidificarem; isso pode acontecer caso as pegadas sejam enterradas rapidamente por outra camada de lama, uma vez que a superfície se solidifica sob o sol ou através de uma rápida precipitação de minerais, formando uma espécie de cimento na marca da pegada. Com base nos detalhes desses sedimentos, muitas vezes é possível deduzir em que condições essas marcas foram deixadas. Essas informações vão desde o quanto as patas do animal afundaram no sedimento até a forma como esse sedimento parece ter respondido aos movimentos do dinossauro. Às vezes, é possível constatar que o animal estava subindo ou descendo uma colina apenas pela inclinação na parte frontal ou traseira da pegada. Assim sendo, os rastros deixados pelos dinossauros podem nos fornecer diversas informações, não só sobre como se moviam, mas também sobre os tipos de ambiente em que viveram.

A icnologia também pode revelar muito sobre o comportamento dos dinossauros. Em algumas raras ocasiões, foram encontradas diversas pegadas juntas. Um exemplo famoso foi descoberto no rio Paluxy, em Glen Rose, no Texas, pelo famoso caçador de pegadas pré-históricas, Roland T. Bird. Tratava-se de dois rastros paralelos, um feito por um enorme brontossauro e outro deixado por um dinossauro carnívoro de grande porte. Esses rastros pareciam mostrar o carnívoro vindo na direção do brontossauro. No ponto de intersecção, um rastro desapareceu, e Bird suspeitou que isso indicava o momento do ataque. No entanto, Lockley conseguiu mostrar, com base em mapas do local, que os brontossauros (havia vários deles, na verdade) continuaram andando mesmo depois do suposto ponto do ataque; além disso, mesmo que o enorme terópode estivesse de fato seguindo o herbívoro (algumas de suas pegadas se sobrepõem às do brontossauro), não há nenhum sinal de "luta". É bem provável que esse predador estivesse simplesmente perseguindo presas em potencial a uma distância segura. Bird encontrou outros rastros interessantes em Davenport Ranch, também no Texas. Nesse local, foram identificadas as marcas de vinte e três saurópodes similares a brontossauros andando na mesma direção e ao mesmo tempo (Figura 35). Esse é um forte indício de que alguns dinossauros andavam em bandos. É impossível deduzir o comportamento gregário de uma espécie através de esqueletos, mas esses rastros nos oferecem evidências disso.

O interesse cada vez maior pelas pegadas de dinossauros nos últimos anos acabou revelando uma série de ramos muito interessantes de pesquisa. Esses rastros muitas vezes estão em áreas onde também foram encontrados restos de esqueletos, o que ajuda a preencher as lacunas deixadas pelos registros fósseis. Conceitos geológicos interessantes também surgiram a partir do estudo dessas pegadas. Alguns dos maiores sauropodomorfos (como os brontossauros citados acima) podem ter chegado a pesar de 20 a 40 toneladas. Esses animais deveriam exercer uma pressão enorme sobre o solo enquanto caminhavam. Em um substrato macio, a pressão das patas desses dinossauros poderia distorcer a terra a um metro ou até mais abaixo da superfície, criando uma série de "subpegadas", formadas como reflexo da pegada na superfície. O espectro dessas marcas mostra que alguns rastros de dinossauros podem estar representados de forma consideravelmente exagerada no registro fóssil se uma única pegada puder ser replicada através de várias "subpegadas".

Se bandos dessas criaturas enormes passaram por essas áreas, como certamente aconteceu em Davenport Ranch, eles também podem ter causado um grande impacto na terra sob a superfície – esmagando e destruindo sua estrutura sedimentar normal. Esse fenômeno descoberto há relativamente pouco tempo foi chamado de "dinoturbação". Mesmo se tratando de um fenômeno geológico, a "dinoturbação" pode também revelar indícios de outra característica biológica ligada às atividades dos dinossauros, que pode ou não ser mensurável ao longo do tempo: o potencial impacto evolutivo e ecológico dessas criaturas sobre as comunidades terrestres em geral. O simples fato de grandes bandos com animais de várias toneladas passarem por uma região poderia devastar por completo a ecologia local. Nós sabemos hoje que os elefantes podem causar danos consideráveis às savanas africanas pela forma como quebram e derrubam árvores adultas. Sendo assim, o que um bando de brontossauros com 40 toneladas cada não seria capaz de fazer? E esse tipo de destruição também influencia toda a fauna e flora da época. Seria possível então identificar ou mensurar esses impactos a longo prazo e se eles de fato foram importantes para a história evolutiva no Mesozoico?

Coprólitos

Outro ramo um tanto menos romântico das investigações paleobiológicas se concentra nas fezes de animais como os dinossauros. Esses materiais são chamados de coprólitos (*copros* significa fezes e *lithos,* pedra) e seu estudo tem uma história longa e relativamente ilustre. O interesse pelas informações contidas nesses fósseis começou com o trabalho de William Buckland da Universidade de Oxford (o homem que descreveu o primeiro dinossauro, o *Megalosaurus*). Atuando como um dos geólogos pioneiros na primeira metade do século XIX, Buckland passou um bom tempo coletando e analisando rochas e fósseis em sua terra natal ao redor de Lyme Regis, em Dorset, incluindo fósseis de répteis marinhos. Junto com esse material, Buckland encontrou uma série de pedras distintas que muitas vezes apresentavam uma forma levemente espiralada. Após uma análise mais cuidadosa de seções partidas dessas rochas, Buckland conseguiu identificar grandes concentrações de escamas de peixe, ossos e ganchos afiados dos tentáculos de belemnites (um molusco cefalópode). Ele concluiu que esse material deveria ser formado pelos excrementos petrificados dos predadores reptilianos encontrados entre as mesmas camadas de rocha. Ainda que isso possa parecer um tanto desagradável à primeira vista, o estudo dos coprólitos pode nos oferecer evidências sobre a dieta de criaturas extintas que de outra forma jamais seriam reveladas.

Como acontece às pegadas, a pergunta "quem fez isto?" pode oferecer desafios consideráveis. Em alguns casos, os coprólitos, ou o conteúdo dos intestinos, foram preservados dentro de vertebrados (principalmente peixes); no entanto, é muito difícil ligar esse tipo de fóssil a espécies específicas ou até mesmo a grupos de dinossauros. Karen Chin, uma cientista da Agência de Pesquisas Geológicas dos Estados Unidos, vem se dedicando ao estudo dos coprólitos e enfrentou essa grande dificuldade até pouco tempo.

No entanto, em 1998, Chin e seus colegas relataram a descoberta do que eles chamaram de um "coprólito *kingsize*" no título de seu artigo. O espécime em questão foi encontrado em sedimentos maastrichtianos (final do Cretáceo Superior) em Saskatchewan e era composto por um nobre bolo fecal com mais de 40 centímetros de comprimento e um volume aproximado de dois litros e meio. Dentro e em volta do espécime, foram encontrados fragmentos de ossos quebrados e um pó de osso mais fino, similar à areia, em meio a toda a massa. Uma análise química mostrou a presença de níveis altíssimos de cálcio e fósforo, confirmando a alta concentração de material ósseo. Estudos histológicos desses fragmentos revelaram a estrutura celular dos ossos, comprovando que a presa digerida era provavelmente um dinossauro; conforme suspeitas anteriores, esse coprólito deveria ter sido deixado por um enorme carnívoro. Com base na fauna conhecida entre as rochas dessa área, a única criatura grande o bastante para produzir fezes dessas dimensões era o terópode *Tyrannosaurus rex* (o "rei" dos dinossauros). Uma análise dos fragmentos de osso preservados no coprólito mostrou que esse animal era capaz de triturar ossos dentro de sua boca e que a presa deveria ser um jovem ceratopsiano ornitísquio (levando em contra a estrutura óssea revelada pelos estudos histológicos). O fato de que nem todo o osso contido nesse coprólito estava digerido indica que o material passou pelos intestinos do animal com relativa rapidez, o que poderia ser encarado por alguns como uma evidência de que o *T. rex* teria sido um voraz endotermo.

Patologias entre os dinossauros

A confirmação sobre a dieta carnívora do *T. rex* claramente não é uma grande surpresa, levando-se em conta a anatomia geral desse terópode. No entanto, uma consequência patológica interessante trazida por uma dieta rica em carne vermelha também foi identificada em um esqueleto de *Tyrannosaurus*.

"Sue", o esqueleto de um enorme *Tyrannosaurus rex* que pode ser visto atualmente no Museu de Campo de Chicago, é um exemplo interessante por apresentar vários traços patológicos. Os ossos de um de seus dedos (metacarpais) são marcados por caroços arredondados e polidos característicos na junta com o osso da primeira falange, um fenômeno que foi estudado em detalhe por patologistas e paleontólogos modernos. Os paleontólogos descobriram que outros tiranossauros também tinham essas mesmas lesões, mas que elas são muito raras entre as coleções dos museus. Com base em uma detalhada comparação com patologias de répteis e pássaros modernos, os patologistas conseguiram confirmar que essas lesões eram o resultado de gota. Essa doença, também conhecida entre os seres humanos, afeta em geral os pés e as mãos, provocando fortes dores, inchaço e inflamação nas áreas afetadas, e é causada pelo depósito de cristais de urato em volta das juntas. Embora a gota possa ser causada por desidratação ou problemas nos rins, um fator crucial entre os seres humanos é a dieta: a ingestão de comida rica em purina, uma substância química encontrada na carne vermelha. Assim sendo, além de ter a aparência de um carnívoro, as fezes do *Tyrannosaurus* comprovam esse fato, assim como as doenças das quais ele sofria.

Esse esqueleto específico também apresenta uma série de patologias mais convencionais que indicam ferimentos antigos. Ossos que se quebram ao longo da vida podem se regenerar. Ainda que técnicas cirúrgicas modernas possam restaurar ossos quebrados com grande precisão, as pontas quebradas de um osso não costumam se realinhar perfeitamente na natureza e um calo se forma em volta da área onde as pontas de encontram. Essas imperfeições criadas durante a regeneração deixam marcas no esqueleto que podem ser encontradas após a morte. É muito fácil ver que "Sue" sofreu uma série de ferimentos ao longo de sua vida. Em uma ocasião, "ela" passou por um violento trauma no peito, que apresenta várias costelas quebradas e regeneradas. Além disso, a coluna e a cauda do esqueleto mostram diversas fraturas que também se regeneraram ao longo da vida.

A implicação mais surpreendente dessas observações é que um animal como o *T. rex* era capaz de sobreviver a ferimentos e doenças. Era de se esperar que um predador enorme como esse ficasse extremamente vulnerável quando ferido, tornado-se uma presa em potencial. O fato de que isso não acontecia (pelo menos no caso de "Sue") sugere que ou esses animais eram incrivelmente resistentes e traumas sérios não os afetavam muito, ou que esses dinossauros viviam em grupos socialmente coesos que podiam agir de forma cooperativa para ajudar um indivíduo ferido quando necessário.

Outras patologias também foram encontradas em diversos dinossauros, desde lesões nos ossos resultantes de abscessos periodontais (no caso das mandíbulas) até casos de artrite séptica e osteomielite crônica em outras partes do crânio ou do esqueleto. Um exemplo particularmente desagradável de uma infecção prolongada em um ferimento na perna foi identificado em um pequeno ornitópode. O esqueleto parcial dessa criatura foi encontrado em sedimentos do Cretáceo Inferior, no sudeste da Austrália. Os membros traseiros e a pélvis estavam bem-preservados, mas a parte inferior da perna esquerda estava totalmente distorcida e atrofiada (Figura 36). Ainda que a causa original da infecção não tenha sido identificada, suspeita-se que o animal possa ter recebido uma forte mordida na perna, logo abaixo do joelho esquerdo. Como resultado, os ossos fossilizados da canela (tíbia e fíbula) estavam tomados por uma enorme massa óssea endurecida e irregular.

Estudos feitos com base em raios X do osso fossilizado revelaram que o ferimento original deve ter sido afetado por uma infecção que se espalhou pela cavidade medular da tíbia, destruindo partes do osso enquanto se alastrava. Durante esse processo, novas camadas de tecido ósseo foram se sobrepondo à superfície da tíbia como se o corpo estivesse tentando criar sua própria "tala" para corrigir o ferimento. Está claro que o sistema imunológico do animal não conseguiu impedir que a infecção se alastrasse, gerando enormes abscessos por baixo da camada óssea externa e produzindo muito pus, que deve ter escorrido pelos ossos da perna, chegando talvez até a superfície da pele na forma de uma ferida. A julgar pela quantidade de osso formado em volta

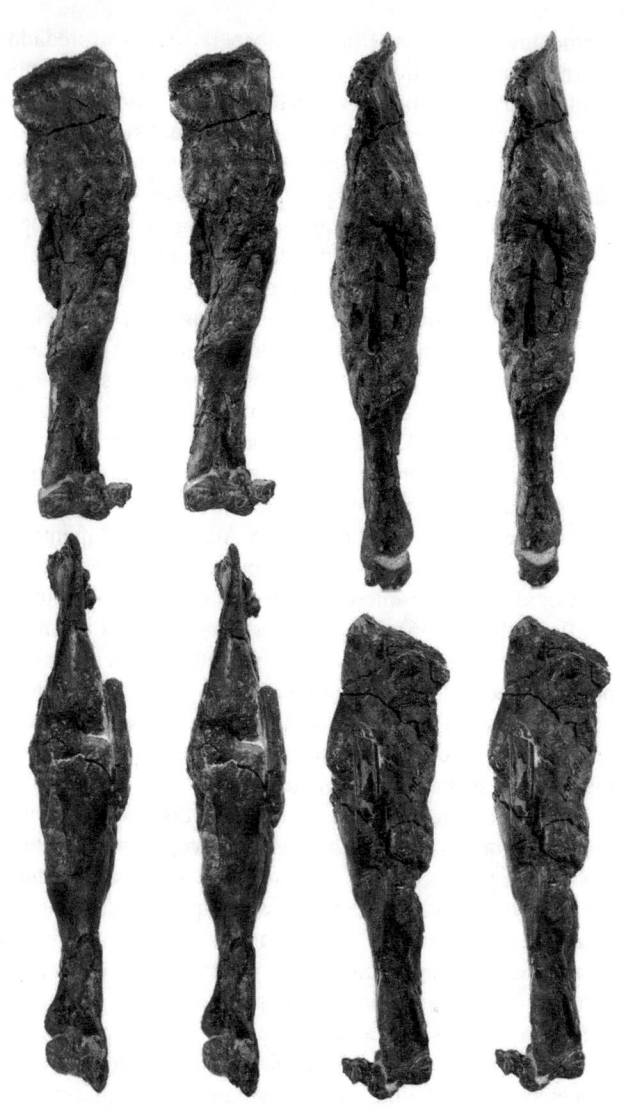

36. Tíbias infeccionadas totalmente deformadas.

da infecção, parece ser provável que o animal tenha vivido por até mais um ano enquanto sofria com esse terrível ferimento antes de finalmente morrer. O esqueleto fossilizado não mostra nenhum outro sinal de infecções patológicas e não há qualquer indicação de marcas de dentes ou de qualquer atividade de animais carniceiros sobre a carcaça, já que os ossos não estavam espalhados.

A presença de tumores foi verificada raras vezes em ossos de dinossauros. O problema mais evidente ao se estudar a frequência de casos de câncer entre os dinossauros tem sido a necessidade de destruir os ossos para se produzir as secções histológicas – o que obviamente não agrada muito os curadores dos museus. Há pouco tempo, Bruce Rothschild desenvolveu uma técnica de análise feita através de raios x e fluoroscopia. Esse método se limita a ossos com menos de 28 centímetros de diâmetro, o que o levou a analisar um grande número (mais de dez mil) de vértebras que vieram de espécimes representativos de todos os grupos mais importantes de dinossauros, fornecidos pelas coleções de diversos museus. Ele descobriu que os casos de câncer não só eram muito raros (<0,2% a 3%), como também se limitavam exclusivamente aos hadrossauros.

O motivo dessa ocorrência tão restrita de tumores é intrigante. Rothschild chegou a pensar se as dietas dos hadrossauros poderiam ter algo a ver com essa epidemiologia. Descobertas raras de carcaças "mumificadas" de hadrossauros mostraram acúmulos de certos materiais nas vísceras que incluem quantidades consideráveis de restos de coníferas, um tipo de vegetação que apresenta uma alta concentração de substâncias químicas cancerígenas. No entanto, ainda não se sabe se isso serve como evidência de alguma predisposição genética aos casos de câncer entre os hadrossauros ou de uma indução causada pelo ambiente (uma dieta mutagênica).

Isótopos

Outro ramo da ciência conhecido como geoquímica vem usando isótopos radioativos de oxigênio, em especial o oxigênio-16 e o oxigênio-18 e suas proporções em substâncias químicas (carbonatos), encontradas nas carapaças de organismos marinhos microscópicos, para estimar a temperatura dos oceanos pré-históricos, presumindo assim as condições climáticas gerais da época. O conceito básico é de que quanto maiores forem essas proporções de oxigênio-18 (comparado ao oxigênio-16) preservadas entre as substâncias químicas nas carapaças desses organismos, mais baixas deveriam ser as temperaturas do oceano em que essas criaturas originalmente viveram.

No começo dos anos 90, o paleontólogo Reese Barrick e o geoquímico William Showers uniram esforços para descobrir se seria possível fazer o mesmo com as substâncias químicas encontradas em ossos – em especial, o oxigênio que forma parte das moléculas de fosfato em seus minerais. Primeiro, eles aplicaram essa abordagem em alguns vertebrados conhecidos (vacas e lagartos), usando amostras de ossos de diferentes partes do corpo (costelas, pernas e cauda), e mediram as proporções dos isótopos de oxigênio. Os resultados mostraram que havia muito pouca diferença na temperatura corporal entre os ossos das pernas e das costelas no mamífero endotermo (a vaca); como era de se esperar, o animal tinha uma temperatura constante. No entanto, no caso do lagarto, a cauda apresentava uma temperatura de dois a nove graus mais baixa do que as costelas, uma vez que os ectotermos não têm uma distribuição tão uniforme de seu calor corporal, o que deixa as partes periféricas em média mais frias do que as centrais.

Em seguida, Barrick e Showers realizaram uma análise similar em diversos ossos de um esqueleto bem-conservado de *T. rex* encontrado em Montana. Amostras extraídas dos ossos das costelas, pernas, dedos e cauda revelaram resultados muito similares aos de mamíferos: a proporção de isótopos de oxigênio variava muito pouco, indicando que o corpo desse animal apresentava uma temperatura bastante uniforme. Isso foi usado para reforçar ainda mais a ideia de que os dinossauros não só eram homeotérmicos, como também endotérmicos. Estudos mais recentes realizados por esses mesmos cientistas parecem confirmar as conclusões originais, estendendo essa observação a diversos outros tipos de dinossauros, incluindo os hadrossauros.

Como sempre, esses resultados geraram um acalorado debate. Alguns cientistas alegaram que os ossos poderiam ter passado por alterações químicas durante a fossilização, o que invalidaria as evidências isotópicas. Além disso, paleobiólogos dedicados a estudos fisiológicos não se mostraram nada convencidos quanto às interpretações do resultado: os sinais de homeotermia apoiam a ideia de que muitos dinossauros eram homeotermos inerciais graças aos seus corpos enormes (Capítulo 6), mas não oferecem qualquer evidência conclusiva de uma fisiologia endotérmica ou ectotérmica.

Essa é uma linha muito interessante de investigação; os resultados ainda não são conclusivos, mas oferecem um solo muito fértil para futuros estudos.

Pesquisas paleontológicas: a revolução digital

Os constantes avanços dos recursos tecnológicos e das possibilidades de responder às questões da paleobiologia vêm se manifestando em diversas áreas nos últimos anos. Algumas dessas tecnologias serão explicadas a seguir. Mesmo tendo certas limitações e ressalvas, esses processos nos permitem fazer perguntas que jamais poderiam ter sido feitas até dez anos atrás.

Um dos maiores dilemas enfrentados pelos paleobiólogos é o ímpeto de explorar qualquer novo fóssil até onde for possível, mas tentando ao mesmo tempo minimizar os danos causados ao espécime nesse processo. O uso dos raios x para criar imagens do interior do corpo tem sido de grande importância para a medicina. A recente revolução nesse ramo promovida pelas técnicas de TC (tomografia computadorizada) e RM (ressonância magnética), viabilizada pelo uso de computadores com alta capacidade de processamento, possibilitou a criação de imagens tridimensionais, fazendo com que os pesquisadores agora possam analisar a parte interna do corpo humano ou de outras estruturas complexas, algo que normalmente só seria possível após extensas sessões de cirurgia exploratória.

O interesse pelo uso da TC no estudo dos fósseis cresceu com muita rapidez. Uma das maiores autoridades nesse campo de pesquisa é Tim Rowe, junto com sua equipe da Universidade do Texas, em Austin, que conseguiu preparar um dos sistemas mais avançados de TC em alta resolução para a análise de fósseis e o usou de formas muito interessantes, como veremos a seguir.

Investigando as cristas dos hadrossaurídeos

Um dos usos mais óbvios da TC pode ser demonstrado no estudo das diversas cristas extravagantes que alguns ornitópodes hadrossaurídeos apresentavam. Esses dinossauros foram muito abundantes durante o Cretáceo Superior e tinham corpos de formatos muito similares, sendo o único fator maior de distinção suas formações cranianas, mas o motivo por trás dessas diferenças continua sendo um enigma há muito tempo. Quando o primeiro dinossauro com crista foi encontrado em 1914, esse traço foi visto apenas como um interessante elemento decorativo. No entanto, em 1920, constatou-se que essas cristas eram compostas por finas camadas de osso que revestiam cavidades tubulares ou câmaras de considerável complexidade.

Teorias que tentavam explicar o propósito dessas cristas se multiplicaram a partir de então. As primeiras afirmavam que a crista funcionava como uma área de conexão para os ligamentos que iam dos ombros ao pescoço, sustentando a cabeça grande e pesada do animal. Outras hipóteses sugeriam que essas formações poderiam ser usadas como armas; que abrigavam órgãos olfativos altamente desenvolvidos; que eram definidas pelo sexo (só os machos teriam cristas, as fêmeas não); e até, na mais ousada de todas, que essas câmaras poderiam ter servido como ressonadores, a exemplo do que é visto entre as aves modernas. Durante os anos 40, as teorias ligadas a um ambiente aquático ganharam força, sugerindo que essas cristas eram usadas para evitar que a água enchesse os pulmões desses animais enquanto eles se alimentavam de algas no leito dos rios.

A maior parte das hipóteses mais excêntricas já foi descartada, seja por uma impossibilidade física ou por não estarem de acordo com a anatomia conhecida desses dinossauros. Acredita-se hoje que essas cristas provavelmente eram usadas para uma série de funções interligadas de natureza em maior parte social e sexual, como um sistema visual de identificação social para cada espécie; além disso, certos formatos mais elaborados dessas cristas sem dúvida deviam ter algum significado sexual. Algumas cristas de hadrossauros eram robustas o suficiente para terem sido usadas em ataques como parte de rituais de acasalamento ou de disputas entre machos. Por fim, imagina-se que as câmaras e áreas tubulares associadas a essas cristas ou estruturas faciais possam ter funcionado como ressonadores. Mais uma vez, essa suposta habilidade vocal (encontrada hoje em aves e crocodilos) poderia estar ligada a aspectos do comportamento social desses animais.

Um dos maiores problemas associados à teoria dos ressonadores era conseguir acesso direto ao material craniano, permitindo uma reconstrução detalhada das passagens de ar dentro da crista, mas sem destruir espécimes raros e valiosos. As técnicas de TC viabilizaram essas investigações. Por exemplo, novos restos do singular hadrossauro conhecido como *Parasaurolophus tubicen* foram encontrados em sedimentos do Cretáceo Superior no Novo México. O crânio estava razoavelmente completo, bem-preservado e incluía uma longa crista curva. O fóssil passou por uma TC e os dados foram processados digitalmente para que o espaço dentro da crista, em vez da crista em si, pudesse ser visualizado. A imagem gerada, mostrando o interior dessa estrutura, revelou um altíssimo grau de complexidade. Diversos tubos paralelos e estreitos se curvavam em formas espiraladas dentro da crista, formando algo similar a um trombone! Restam hoje poucas dúvidas quanto ao fato de que as cavidades nas cristas de animais como o *Parasaurolophus* eram capazes de agir como ressonadores em seus sistemas vocais.

Tecidos moles: corações de pedra?

No final dos anos 90, um novo esqueleto parcial de um ornitópode de médio porte foi encontrado em camadas de arenito do Cretáceo Superior na Dakota do Sul. Uma parte desse esqueleto já havia se perdido, mas o restante estava excepcionalmente bem-conservado, com porções ainda visíveis de alguns tecidos moles, como cartilagem, que em geral se perdem durante a fossilização. Durante a preparação inicial do espécime, um grande nódulo ferruginoso (rico em ferro) foi encontrado no peito. Intrigados com essa estrutura, os pesquisadores conseguiram permissão para submeter uma boa parte do esqueleto a uma TC usando a aparelhagem de um hospital veterinário. Os resultados dessa análise foram muito interessantes.

O nódulo ferruginoso apresentava traços anatômicos distintos e parecia estar associado a outras estruturas à sua volta. Os pesquisadores interpretaram isso como indícios de que o coração e alguns vasos sanguíneos associados teriam sido preservados dentro desse nódulo, que parecia ter duas câmaras (entendidas pelos pesquisadores como os ventrículos originais do coração), assim como uma estrutura tubular curva logo acima, que poderia ser uma aorta (uma das principais artérias que saem do coração). Eles sugeriram então que isso poderia ser uma prova de que esse tipo de dinossauro tinha um coração totalmente dividido, muito similar ao das aves, o que sustentava a ideia cada vez mais disseminada de que os dinossauros eram animais muito ativos e aeróbicos em geral (como discutido no Capítulo 6).

Desde 1842, e das proféticas especulações formuladas por Richard Owen, muitos acreditavam que dinossauros, crocodilos e aves deveriam ter corações eficientes de quatro câmaras (ou seja, totalmente divididos). Com base nisso, essa descoberta não é tão surpreendente. O que impressiona, nesse caso, é que o formato geral dos tecidos moles do coração desse dinossauro foi preservado por alguma circunstância extraordinária durante a sua fossilização.

A preservação de tecidos moles costuma acontecer apenas em condições muito específicas, que em geral envolvem uma mistura de sedimentos bastante delicados (como lama e argila) capazes de preservar suas impressões. Em outros casos, os restos desses tecidos moles que passam por uma substituição química podem ser preservados por uma precipitação química, em geral na ausência do oxigênio. No entanto, nenhuma dessas duas situações se aplica ao exemplo do esqueleto descrito acima, já que esse espécime foi encontrado em uma camada de arenito bruto e sob condições que indicam uma farta presença de oxigênio. Portanto, de um ponto de vista geoquímico, seria muito pouco provável que qualquer tipo de tecido mole fosse conservado nessas circunstâncias.

Como sempre, as observações feitas pelos pesquisadores foram postas em xeque. Nódulos de siderita são comuns entre depósitos desse tipo e muitas vezes são encontrados junto a ossos de dinossauros. As condições desses sedimentos, o ambiente químico no qual essas estruturas talvez tenham sido preservadas e as interpretações de todas as características do suposto coração foram contestadas. Até hoje, esse espécime continua levantando dúvidas. No entanto, caso trate-se apenas de um simples nódulo de siderita, sua semelhança com um coração é no mínimo extraordinária.

Falsos "ornitossauros": a paleobiologia forense

Em 1999, foi publicado um artigo na revista *National Geographic* destacando as similaridades entre dinossauros e aves; similaridades reveladas pelas descobertas na Província de Liaoning, na China, onde havia sido escavado um novo e intrigante espécime que recebeu o nome de *Archaeoraptor,* um esqueleto quase completo que parecia ser o exemplo perfeito de um "ornitossauro" intermediário. O animal tinha asas e ossos peitorais muito similares aos de uma ave, mas também apresentava cabeça, pernas e a longa cauda rígida características dos terópodes.

A princípio, essa descoberta foi comemorada pela *National Geographic* em diversos eventos públicos. No entanto, o espécime logo tornou-se alvo de controvérsias. O

A. Imagem de raio X do fóssil

Modelo
Densidade relativa
- [ ] osso
- materiais da placa
- ar

Mapa
Ossos
- ossos associados a aves
- ossos inverificáveis

Fragmentos associados

| 1a-w | Fragmentos associados dispostos em posição natural |

37. O falso *Archaeoraptor* na placa rochosa.

B. Mapa da placa

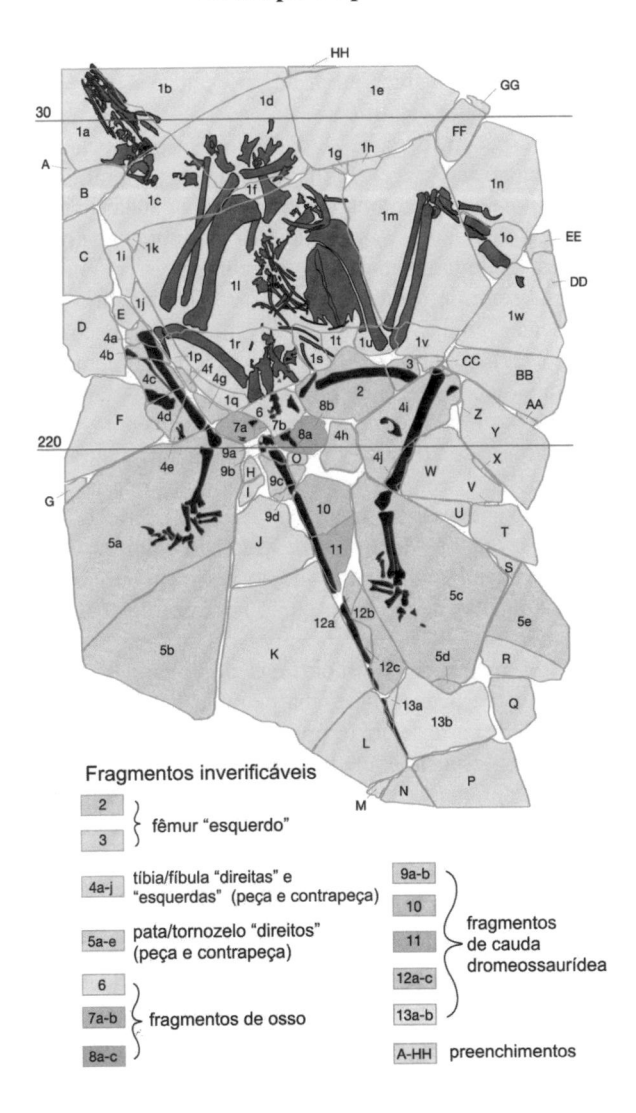

Fragmentos inverificáveis

- 2 ⎱ fêmur "esquerdo"
- 3 ⎰

- 4a-j tíbia/fíbula "direitas" e "esquerdas" (peça e contrapeça)

- 5a-e pata/tornozelo "direitos" (peça e contrapeça)

- 6
- 7a-b ⎱ fragmentos de osso
- 8a-c

- 9a-b
- 10
- 11   fragmentos de cauda dromeossaurídea
- 12a-c
- 13a-b

- A-HH preenchimentos

fóssil foi comprado por um museu de Utah em uma feira de fósseis em Tucson, no Arizona, embora tivesse sido encontrado na China. Isso era muito estranho, já que o governo chinês costuma manter propriedade exclusiva de todos os fósseis com valor científico.

O espécime passou a ser visto com suspeita pela comunidade científica: a metade dianteira do corpo lembrava até *demais* uma ave se comparada às pernas e cauda características de um terópode. A superfície do mármore onde o fóssil foi preservado também parecia estranha, pois era composta por uma série de pequenas placas irregulares como pedras de calçada, unidas por diversos pontos de preenchimento (Figura 37). Depois de relativamente pouco tempo, foi declarado que o espécime poderia ser forjado – talvez produzido a partir de fragmentos soltos coletados em Liaoning. Em meio a esse clima de desconfiança geral, o curador do museu de Utah contatou dois paleontólogos que já haviam trabalhado com esse material chinês, Philip Currie do Museu Real de Tyrell, de Alberta, e Xu Xing de Pequim, na China. Tim Rowe também foi contatado no Texas em busca de uma possível análise de TC para que a natureza do fóssil fosse verificada.

Por uma incrível coincidência, ao voltar da China, Xu encontrou um pedaço de rocha extraída de Liaoning contendo grande parte de um terópode dromeossaurídeo. Depois de estudar o espécime, ele percebeu que a cauda desse fóssil era a contraparte dos ossos que ele tinha visto há pouco tempo no *Archaeoraptor*. Assim que voltou para o escritório da *National Geographic* em Washington, Xu pôde comparar seu fóssil recém-descoberto com o espécime de *Archaeoraptor*, mostrando assim que o "ornitossauro" original era composto claramente por partes de *pelo menos* dois animais diferentes (a metade dianteira era de uma ave genuína e a traseira de algum terópode dromeossaurídeo).

Sabendo disso, Rowe pôde analisar melhor os resultados da tomografia feita da placa contendo o *Archaeoraptor* original. Essa técnica não é capaz de distinguir se um fóssil é genuíno ou forjado. No entanto, a qualidade das imagens tridimensionais geradas de cada parte do fóssil permitiu uma comparação precisa de cada detalhe do espécime. A partir disso, ficou claro que a maior parte da placa era formada por um fóssil parcial de uma ave que havia recebido os ossos das pernas e das patas de um dinossauro terópode. Rowe e seus colegas ainda conseguiram mostrar que apenas um osso da perna e outro da pata foram usados. Na verdade, os ossos foram serrados ao meio para criar um par de pernas e patas! Por fim, a cauda do terópode foi adicionada para completar a farsa, além de outros pedaços de pedras e preenchimento que foram inseridos para criar uma forma retangular mais agradável em termos visuais.

Essas dramáticas revelações não tiveram qualquer impacto no debate sobre o parentesco entre dinossauros e aves. O que elas revelam são apenas alguns tristes fatos nesse campo. Na China, os trabalhadores locais malpagos que ajudaram a escavar esses fósseis espetaculares aprenderam muito sobre a anatomia dessas criaturas tão procuradas pelos cientistas e também perceberam que existe um ávido mercado para esses fósseis que poderia render muito mais dinheiro caso pudessem vender esses espécimes para negociadores fora da China.

A mecânica dos dinossauros: como o *Allosaurus* se alimentava

A tomografia computadorizada claramente se firmou como um recurso valioso para as investigações paleobiológicas por possibilitar que os objetos sejam analisados por dentro quase como em um passe de mágica. Emily Rayfield e seus colegas da Universidade de Cambridge desenvolveram algumas técnicas muito inovadoras para o uso dessa tecnologia. Usando imagens de TC, sofisticados programas de computador e uma enorme base de dados biológicos e paleobiológicos, eles provaram ser possível especular sobre como os dinossauros talvez tenham se comportado em vida.

Como no caso do *Tyrannosaurus*, nós sabemos em termos muito gerais que o *Allosaurus* (Figura 31) era um preda-

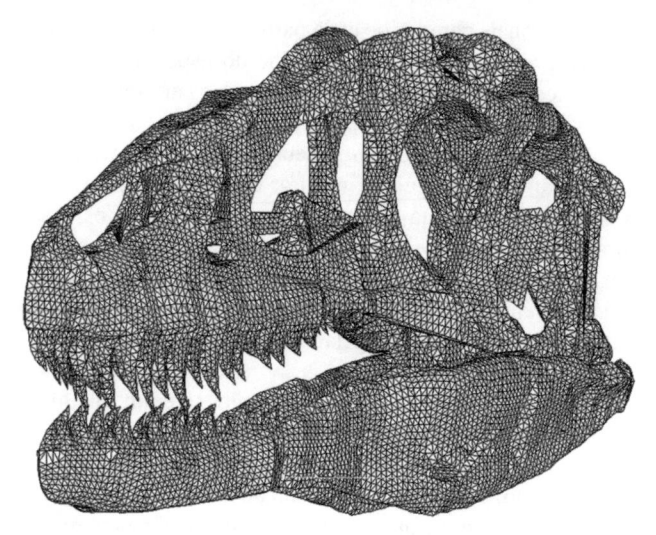

38. Imagem de elementos finitos de um crânio de *Allosaurus* feita a partir de uma tomografia.

dor e provavelmente tinha em sua dieta uma ampla variedade de presas no final do Jurássico. Certas vezes, marcas de mordidas ou arranhões encontradas em ossos fossilizados podem ser literalmente alinhadas com os dentes nas mandíbulas de um alossauro para se encontrar o "culpado" pelo ataque. Mas o que esse tipo de evidência nos mostra? Infelizmente, a resposta é: não mostram tanto quanto gostaríamos. Não há como ter certeza se as marcas foram deixadas por um carniceiro se alimentando de um animal já morto ou se o dinossauro que deixou as marcas de dentes foi o verdadeiro assassino, assim como também não é possível concluir que tipo de predador o alossauro foi: ele derrubava suas vítimas depois de uma longa perseguição ou se escondia e atacava de surpresa? Ele tinha uma mordida devastadora capaz de esmagar ossos ou preferia retalhar e arrancar pedaços de carne?

Rayfield conseguiu realizar uma tomografia em um crânio especialmente bem-conservado de um *Allosaurus* do Jurássico Superior. As imagens em alta resolução resultantes foram então usadas para criar um modelo tridimensional detalhado do crânio todo. No entanto, em vez de simplesmente recriar uma belíssima representação do fóssil em forma de holograma, Rayfield converteu os dados em uma "malha" tridimensional. Essa malha era composta por uma série de coordenadas de pontos (como em um mapa topográfico), com cada um deles ligado aos outros logo ao lado por "elementos" curtos. Isso criou o que é conhecido pela engenharia como um mapa de elementos finitos de todo o crânio (Figura 38), algo inédito até então em termos de complexidade.

Com um computador e os programas adequados, esse tipo de modelo nos permite analisar as propriedades materiais dos ossos com base no mapa de elementos finitos, como a resistência do crânio, do esmalte dos dentes ou da cartilagem nas articulações entre os ossos, por exemplo. Dessa forma, todos os "elementos", ligados uns aos outros em uma unidade integrada, podem ser usados em uma simulação de como esse crânio se comportaria na vida real.

Depois de mapear o crânio virtual desse dinossauro, foi necessário pensar em como eram seus poderosos músculos da mandíbula e então Rayfield usou argila para literalmente modelá-los. Depois disso, ela foi capaz de calcular a partir de suas dimensões – comprimento, espessura e o ângulo de ligação aos ossos da mandíbula – a força que poderiam gerar. Para garantir que esses cálculos fossem realistas, foram geradas outras duas estimativas de força: uma com base no conceito de que dinossauros como esse tinham uma fisiologia similar à dos crocodilos (ectotérmica) e outra presumindo uma semelhança maior à dos pássaros e mamíferos (endotérmicos).

Usando esses dados, foi possível então aplicar esses cálculos no modelo de elementos finitos e literalmente "testar" como o crânio reagiria às forças máximas de uma mordida e como elas seriam distribuídas por dentro dele. O experimento buscava analisar a estrutura e o formato do crânio e também como ele respondia aos estresses associados ao processo de alimentação.

Os resultados foram fascinantes. O crânio era muito resistente (apesar de todas as enormes aberturas em sua superfície que poderiam tê-lo enfraquecido de maneira significativa). Na verdade, essas aberturas eram importantes para fortalecer o conjunto. Quando o crânio virtual foi testado até seu limite (ou seja, quando as forças começaram a fraturar os ossos), constatou-se que ele era capaz de resistir a uma força 24 vezes maior do que a que os músculos da mandíbula poderiam exercer ao aplicar o máximo possível de sua potência "alossauriana".

O que ficou óbvio a partir desse experimento foi que o crânio do alossauro era muito bem projetado. A seleção natural costuma buscar um "coeficiente de segurança" em grande parte das estruturas ósseas: uma relação entre a quantidade de energia e materiais necessários para formar uma determinada parte do esqueleto e a força média à qual ela é submetida sob condições normais de vida. Esse "coeficiente de segurança" varia, mas geralmente vai de duas a cinco vezes a força geral produzida pelas atividades normais do animal. O fato de que esse coeficiente, no caso do *Allosaurus*, estava na casa das 24 vezes parecia quase absurdo. Uma nova análise desse crânio, repensando seus potenciais métodos de alimentação, levou os pesquisadores à seguinte conclusão: a mandíbula inferior tinha na verdade uma formação bastante "frágil", fazendo com que o animal tivesse uma mordida muito fraca em comparação à resistência do crânio em geral. Isso sugeria que essa estrutura havia sido projetada para resistir a forças enormes (de mais de cinco toneladas) por outros motivos. O mais provável era que o crânio fosse usado como uma arma de ataque principal – como um cutelo. Esses animais poderiam ter saltado contra as presas com as mandíbulas bem abertas, atacando com suas cabeças de cima para baixo em um devastador golpe dilacerante. Dado o peso do corpo por trás desse movimento e a resistência da presa, esse crânio precisaria ser capaz de resistir a impactos curtos, mas extremamente violentos.

Assim que a presa tivesse sido subjugada pelo primeiro ataque, as mandíbulas poderiam então ser usadas para arrancar pedaços de carne da maneira mais convencional, mas isso poderia ser feito com a ajuda das pernas e do corpo para puxar pedaços mais resistentes da vítima, fazendo mais uma vez com que o crânio fosse submetido a grandes forças geradas pelos músculos do pescoço, costas e pernas.

Nessa análise em especial, foi possível especular *como* os alossauros se alimentavam, algo que até poucos anos atrás seria inimaginável. Mais uma vez, a integração entre novas tecnologias e diferentes ramos da ciência (neste caso, da engenharia de projetos) foi usada para investigar uma questão paleobiológica e gerar novas e interessantes observações.

Tecidos e biomoléculas pré-históricos

Seria impossível terminar este capítulo sem mencionar o caso do filme *Parque dos dinossauros*: a descoberta de amostras de DNA pré-histórico e o uso de modernas técnicas de biotecnologia para reconstruí-lo e trazer os dinossauros de volta à vida.

A literatura científica de fato registra alguns relatos sobre a descoberta de fragmentos do DNA de dinossauros ao longo da última década que então passaram por um processo de RCP (reação em cadeia da polimerase) para ampliar esses fragmentos e permitir que eles fossem estudados com mais facilidade. Infelizmente, para o azar daqueles que gostariam de acreditar no cenário pintado por Hollywood, nenhum desses relatos teve sua autenticidade verificada e, na verdade, é muito pouco provável que qualquer espécime genuíno de DNA algum dia possa ser extraído a partir dos ossos de um dinossauro. O fato é que o DNA é uma biomolécula muito longa e complexa que se degrada ao longo do tempo na ausência de processos metabólicos que possam sustentá-la ou repará-la, como acontece nas células vivas. Assim sendo, as chances de que esse material tenha conseguido sobreviver sem grandes alterações por mais de 65 milhões de anos enterrado sob o chão (e sujeito a todos os riscos de contaminação apresentados por microorganismos, outras fontes químicas e biológicas e a água dos lençóis freáticos) são praticamente nulas.

Todos os relatos feitos até hoje eram de espécimes altamente contaminados. Na verdade, os únicos exemplos confiáveis de DNA fossilizado são muito mais recentes e até essas descobertas só foram possíveis graças a circunstâncias especiais de preservação. Foram encontradas cadeias curtas de DNA mitocondrial em fósseis de ursos-pardos de 60 mil anos atrás, mas apenas porque os corpos desses animais ficaram congelados desde o momento da morte em camadas permanentes de gelo, o que ofereceu condições ideais para desacelerar o processo de degradação das moléculas. Além disso, é claro, os restos de dinossauros são mil vezes mais antigos do que os desses ursos antárticos. Embora seja possível identificar alguns genes similares aos de dinossauros em aves modernas, a ideia de reproduzir um dinossauro é algo que está muito além dos limites da ciência.

Outro caso muito interessante foi revelado pela análise da aparência e da composição química do interior de alguns ossos de tiranossauro encontrados em Montana. Mary Schweitzer e seus colegas da Universidade Estadual da Carolina do Norte tiveram acesso a alguns ossos de *T. rex* em excelente estado de conservação que haviam sido escavados por Jack Horner (o homem que inspirou a criação do dr. Alan Grant de *Parque dos dinossauros*). Uma análise detalhada do esqueleto sugeriu que a estrutura interna dos ossos mais longos havia sofrido pouquíssimas alterações, aliás, tão poucas que os ossos desse tiranossauro tinham uma densidade equivalente à encontrada em espécimes modernos simplesmente deixados para secar ao sol.

Schweitzer estava procurando biomoléculas pré-históricas ou pelo menos resquícios de sinais químicos que pudessem ter ficado para trás. Depois de terem extraído o material da parte interna, os ossos foram triturados e submetidos a uma vasta série de análises físicas, químicas e biológicas. A ideia por trás dessa abordagem era não apenas aumentar as chances de encontrar algum traço como também consolidar uma gama de registros semi-independentes do sinal, caso ele fosse detectado. O grande desafio era encontrar alguma evidência positiva da presença dessas biomoléculas; no entanto, as chances de que todas essas moléculas tivessem sido totalmente destruídas ou eliminadas ao longo do tempo desde a morte e soterramento do animal pareciam ser bastante desanimadoras. Exames de ressonância magnética nuclear e de *spin* eletrônico revelaram a presença de resíduos moleculares similares à hemoglobina (o principal componente químico dos glóbulos vermelhos), enquanto uma análise espectroscópica e uma CLAE (cromatografia líquida de alta eficiência) geraram dados que também mostravam a presença de resíduos dessas estruturas. Por fim, os ossos foram lavados com solventes para que fossem extraídos quaisquer fragmentos restantes de proteína. Em seguida, o produto resultante desse processo foi injetado em ratos de laboratório para determinar se alguma resposta imunológica seria ativada – e foi! O antissoro criado pelos ratos reagiu de forma positiva ao entrar em contato com hemoglobinas purificadas de mamíferos e pássaros. Com base nessas análises, parece ser muito provável que os traços químicos de compostos de hemoglobina tenham sido preservados nesses tecidos do *T. rex*.

Outro fato interessante foi que, após uma análise microscópica, foram identificadas pequenas microestruturas arredondadas nos canais vasculares (vasos sanguíneos) por dentro do osso. Após outra análise, constatou-se que eram ricas em ferro se comparadas aos tecidos em volta (e o ferro é um dos principais componentes das moléculas de hemoglobina). Além disso, o tamanho e o aspecto geral dessas microestruturas eram muito similares aos das células sanguíneas nucleadas vistas nas aves. Embora essas estruturas não sejam células sanguíneas genuínas, elas com certeza parecem ser "vestígios" químicos de suas versões originais. No entanto, ainda não se sabe como esses traços puderam ser preservados assim por mais de 65 Ma.

Schweitzer e seus colegas também conseguiram identificar (usando técnicas imunológicas similares à mencionada acima) resquícios biomoleculares de proteínas "duras", conhecidas como colágeno (um dos principais componentes dos ossos naturais, assim como dos ligamentos e tendões), e queratina (o material que forma as escamas, penas, cabelos e garras).

Embora esses resultados tenham sido recebidos com considerável ceticismo pela maior parte da comunidade científica – e com toda a razão, dados os motivos abordados neste capítulo –, a gama de metodologias científicas usada para sustentar essas conclusões e o cuidado exemplar com que com elas foram anunciadas representam um modelo de clareza e compromisso para esse ramo da paleobiologia.

Capítulo 8

O futuro da pesquisa sobre o passado

Evento K-T: o fim dos dinossauros?

Desde as primeiras décadas do século XIX, a ciência constatou que diferentes grupos de organismos dominaram a Terra em períodos distintos ao longo de sua história, sendo que um dos mais notáveis foi sem dúvida o dos dinossauros. As pesquisas paleontológicas reforçavam cada vez mais a ideia de que nenhum desses animais deveria ser encontrado em rochas mais recentes do que as formadas no final do Cretáceo (por volta de 65 Ma). Na verdade, sabe-se hoje que o final do Cretáceo, quase na virada para o Terciário (momento agora conhecido universalmente como o limite K-T), foi um período de mudanças extremas. Muitas espécies foram extintas e substituídas no início do Terciário por diversas outras novas: assim sendo, o limite K-T parecia representar um imenso ponto de virada para a vida na Terra, assim como uma extinção em massa. Entre as espécies extintas durante esse período estavam os míticos dinossauros em terra, que já tinham alcançado uma imensa diversidade no final do Cretáceo; inúmeras criaturas marinhas, desde répteis gigantes (como mosassauros, plesiossauros e ictiossauros) até os amonoides que existiam em extrema abundância e uma ampla gama de organismos planctônicos gredosos; enquanto os répteis voadores (pterossauros) e as aves do grupo conhecido como enantiornithes desapareceram para sempre dos céus.

Claramente, era preciso tentar entender o que poderia ter causado um extermínio tão dramático como esse. O outro lado dessa questão também era muito importante: por que algumas criaturas não foram extintas? Afinal, as aves modernas sobreviveram, assim como mamíferos, lagartos e cobras, crocodilos e tartarugas, peixes e uma série de outras criaturas marinhas. Teria sido apenas por mero acaso? Até 1980, grande parte das teorias que tentavam explicar o que levou certas espécies a sobreviver ou perecer durante o evento K-T variava do sublime ao ridículo.

Uma das teorias mais disseminadas até então se baseava em estudos detalhados sobre a composição ecológica dos períodos mais próximos ao limite K-T. Um consenso da época sugeria que o final do Cretáceo foi marcado por condições climáticas cada vez mais sazonais e variáveis, o que explicava o declínio dos animais e plantas menos capazes de se adaptarem a esse tipo de clima mais inóspito. Isso estava ligado de forma bastante conclusiva às mudanças tectônicas ocorridas no final do Cretáceo, como a elevação do nível do mar e a maior separação entre os continentes. A impressão geral era de que o mundo estava mudando de aspecto pouco a pouco, o que por fim acabou levando a uma dramática reviravolta para a fauna e a flora do planeta. Fica claro que essa hipótese compreende o evento de extinção como um processo bastante longo, mas o problema dessa teoria era que ela não levava em conta, de maneira satisfatória, as mudanças simultâneas vistas em comunidades marinhas. Na ausência de dados mais confiáveis, argumentos foram lançados de um lado para o outro sem nenhuma conclusão verdadeira.

Mas em 1980, esse campo de investigação foi revolucionado por ninguém menos do que um astrônomo, Luis Alvarez. Seu filho, o paleobiólogo Walter, estava estudando as alterações na biodiversidade planctônica no limite K-T. Parecia lógico imaginar que o intervalo entre o final do Cretáceo e o início do Terciário poderia ter sido apenas um longo período de tempo "vazio" – um verdadeiro intervalo na continuidade dos registros fósseis. Para ajudar Walter nos estudos sobre as mudanças nessas comunidades durante esse período crítico da história da Terra, Luis se ofereceu para medir a quantidade de poeira cósmica acumulada nos sedimentos do período para estimar a duração desse suposto intervalo geológico. Os resultados obtidos chocaram paleontólogos e geólogos do mundo todo. Luis e Walter constataram que a camada correspondente ao limite K-T, representada por uma estreita faixa de argila, continha enormes quantidades de destroços cósmicos que poderiam ser explicados pelo impacto e pela subsequente vaporização de um gigantesco meteorito. Eles calcularam que esse meteorito precisaria ter pelo menos dez quilômetros de diâmetro. Levando em conta um impacto dessa magnitude, sugeriram que a imensa nuvem de destroços (contendo vapor de água e partículas de poeira) gerada pela colisão poderia ter coberto a Terra completamente por um período considerável de tempo, talvez por vários meses ou até um ou dois anos. Isso teria inviabilizado o processo de fotossíntese nas plantas em terra e nos organismos planctônicos, provocando o colapso simultâneo de ecossistemas terrestres e marinhos. De um só golpe, os Alvarez e seus colegas pareciam ter encontrado uma explicação unificadora para o evento K-T.

Como todas as boas teorias, essa hipótese gerou um imenso volume de novos estudos. Ao longo dos anos 80, cada vez mais equipes de pesquisadores conseguiram identificar destroços cósmicos e sinais relacionados a um violento impacto em sedimentos do limite K-T em todos os quatro cantos do mundo. No final da década, a região do Caribe atraiu muita atenção de inúmeros pesquisadores. Estudos mostravam que em algumas ilhas caribenhas, como o Haiti, os depósitos de sedimentos do limite K-T não apenas revelavam sinais do impacto como também apresentavam uma enorme camada de brecha logo acima (massas de rochas misturadas aos pedaços). Todos esses indícios sugeriam a ideia de que o meteorito deveria ter caído em algum ponto raso do mar nessa área. Em 1991, pesquisadores anunciaram a descoberta de uma enorme cratera subterrânea deixada pelo impacto de um meteorito, batizada de Chicxulub, na península de Yucatán, no México, coberta por sedimentos acumulados ao longo dos últimos 65 milhões de anos e que só foi localizada graças ao estudo de ecos sísmicos na crosta da Terra (algo como um radar subterrâneo). A cratera parecia ter quase 200 quilômetros de diâmetro e coincidia com a camada relativa ao limite K-T, embasando ainda mais a teoria de Alvarez.

A partir do início dos anos 90, os estudos sobre o evento K-T deixaram de se concentrar nas causas, que já pareciam bem definidas, para se focarem em uma tentativa de ligar as extinções desse período a uma única catástrofe global. Os paralelos ao debate sobre o inverno nuclear são bastante claros. Avanços nos modelos gerados por computador, combinados ao conhecimento acumulado sobre a possível composição química das rochas "alvo" (depósitos de mares rasos) e a forma como se comportariam sob um choque de alta pressão, trouxeram à tona algumas informações sobre os primeiros estágios do impacto e seus efeitos ambientais. Em Yucatán, o meteorito teria atingido o leito oceânico que era naturalmente rico em água, carbonato e sulfato, lançado até 200 gigatons de dióxido de enxofre e a mesma quantidade de vapor de água contra a estratosfera. Simulações feitas com base na geometria da cratera sugerem que impacto teria ocorrido em um ângulo oblíquo, com o meteorito vindo pelo sudeste. Essa trajetória teria concentrado os gases expelidos sobre a América do Norte. Os registros fósseis mostram com clareza que as extinções entre a flora nessa área foram bastante severas, mas novos estudos em outras regiões precisam ser feitos para que esse padrão seja confirmado. O trabalho publicado por Alvarez e seus colegas sobre os efeitos do impacto sugerem que as nuvens de poeira geradas teriam mergulhado o planeta inteiro em um gélido blecaute. No entanto, modelos virtuais das condições atmosféricas da época agora sugerem que os níveis de luminosidade, assim como as temperaturas, teriam começado a voltar ao normal após alguns meses graças à inércia térmica dos oceanos e à constante precipitação das partículas na atmosfera. Ainda assim, a situação não chegaria a melhorar por um período considerável de tempo, uma vez que o dióxido de enxofre e a água na atmosfera teriam se combinado, gerando aerossóis de ácido sulfúrico que reduziriam drasticamente a quantidade de luz solar capaz de chegar à superfície da Terra, por um período de cinco a dez anos. Em decorrência disso, a Terra esfriaria até quase congelar e o solo seria encharcado com chuva ácida.

Essas especulações, é claro, são baseadas em modelos virtuais que estão sempre sujeitos a erros. No entanto, mesmo que tudo isso seja apenas em parte verdadeiro, a combinação dos efeitos ambientais após o impacto teria sido, sem dúvida alguma, devastadora e poderia muito bem ser responsável pelas extinções de espécies marinhas e terrestres que marcaram o final do Período Cretáceo. Em certo sentido, chega a ser incrível pensar que qualquer tipo de criatura tenha conseguido sobreviver nessas condições apocalípticas.

Contradições

Embora os trabalhos nos últimos anos tenham se concentrado em explicar os efeitos ambientais do impacto de um imenso meteorito sobre os ecossistemas globais, a área de Chicxulub continua sendo estudada. Um enorme poço de sondagem foi aberto no local a um quilômetro e meio de profundidade para que a zona de impacto pudesse ser estudada em detalhes. No entanto, o que está começando a ser descoberto contradiz um pouco o padrão geral descrito acima. Uma série de interpretações dos dados centrais indica que essa cratera poderia ter sido aberta até 300 mil anos *antes* do limite K-T. Esse intervalo é representado por meio metro de sedimentos. Essa evidência vem sendo usada para sugerir que o evento ocorrido no final do Cretáceo não foi causado pelo impacto de um único meteorito gigante, mas sim por vários impactos de grande magnitude que ocorreram até o limite K-T – gerando um efeito cumulativo que levou a esse padrão de extinções.

Essas novas descobertas indicam claramente que novos debates e estudos sem dúvida alguma deverão acontecer nos próximos anos. Outro aspecto importante são os dados a respeito da violenta atividade vulcânica que coincidiu com os eventos no final do Cretáceo. Partes da Índia, conhecidas como o planalto do Decão, apresentam uma gigantesca série de basaltos de inundação que podem ter milhões de quilômetros cúbicos. No entanto, ainda não se sabe ao certo qual foi o impacto ambiental dessas dramáticas erupções e se elas tiveram alguma ligação com o impacto do meteorito ocorrido no outro lado do globo.

Extinções em massa são eventos fascinantes na história da vida na Terra – infelizmente, definir suas causas com precisão é uma tarefa muito difícil.

Estudos pré-históricos hoje e no futuro próximo

A essa altura, deve estar bastante claro que uma ciência como a paleobiologia – ainda mais quando aplicada a criaturas fascinantes como os dinossauros – tem um grande fator de imprevisibilidade. Diversos novos programas de pesquisa podem ser planejados, todos com uma estrutura intelectual bastante satisfatória, para que questões e problemas específicos sejam explorados, como é normal em todas as ciências. No entanto, o acaso sempre terá um papel muito importante, pois pode levar uma pesquisa a rumos inesperados que jamais poderiam ter sido previstos. Esse ramo também pode ser muito influenciado por novas descobertas – até o começo dos anos 90, ninguém teria previsto os incríveis achados que revelaram os "ornitossauros" na China, em 1996, e que continuam até hoje. E avanços tecnológicos nas ciências físicas e biológicas desempenham um papel cada vez mais importante nas pesquisas, permitindo que os fósseis sejam estudados de maneiras impensáveis até poucos anos atrás.

Para aproveitar ao máximo todas essas oportunidades, é importante ter por perto pessoas com uma série de características. Acima de tudo, elas precisam ter uma paixão pela história da vida na Terra e ser curiosas por natureza. Elas também precisam contar com um bom treinamento em diversas áreas de pesquisa. Embora o trabalho de cientistas individuais e o pensamento criativo com algum grau de isolamento ainda sejam relevantes, fica cada vez mais clara a importância de equipes multidisciplinares que possam oferecer uma maior gama de habilidades para analisar cada problema ou nova descoberta, extraindo informações e fazendo com que a ciência dê mais um passo à frente.

E por fim...

Minha mensagem final é relativamente simples. Nós, como membros da raça humana, poderíamos simplesmente ter escolhido ignorar a história da vida na Terra que pode ser revelada, pelo menos em partes, através do estudo dos fósseis. Sem dúvida, muitos prefeririam agir dessa forma. Por sorte, nem todos pensam assim. O desfile da vida vem passando pelo mundo ao longo dos últimos 3.600 milhões de anos – um período de tempo absurdamente longo. Os seres humanos dominam hoje direta ou indiretamente grande parte dos ecossistemas, mas só alcançaram essa posição nos últimos dez mil anos. Antes de nós, inúmeros outros organismos habitaram a Terra. Os dinossauros foram um desses grupos e, até certo ponto, firmaram-se como guardiões mesmo que inconscientes do nosso planeta. A paleobiologia nos permite estudar algumas partes desse período.

A pergunta mais importante é: será que podemos aprender com as experiências do passado e usar esse conhecimento para preservar a Terra como um planeta habitável para que outras espécies possam herdá-la depois que a nossa desaparecer? Essa é uma responsabilidade imensa, dadas as ameaças globais hoje oferecidas por fatores como o aumento exponencial da população, mudanças climáticas e os perigos da energia nuclear. Nós fomos a primeira espécie do planeta a compreender que a Terra tem uma imensa história de vida que não se limita apenas ao momento atual. E espero sinceramente que não sejamos a última. Após estudar as idas e vindas de diversas espécies ao longo dos extensos registros fósseis, a única certeza que podemos ter é de que a humanidade não irá durar para sempre.

Desde as origens do *Homo sapiens*, cerca de 500 mil anos atrás, nossa espécie ainda pode sobreviver por mais um milhão ou talvez até por cinco milhões de anos, se tivermos muita competência (ou sorte), mas por fim acabaremos tendo o mesmo destino dos dinossauros: pelo menos é isso o que mostra o caminho das pedras.

Leituras complementares

Briggs, D. E. G.; Crowther, P. R. (eds), *Palaeobiology II* (Oxford: Blackwell Science, 2001).

Darwin, C. R., *On the Origin of Species by Means of Natural Selection, or the Preservation of Favoured Races in the Struggle for Life* (Londres: John Murray, 1859).

De Salle, R.; Lindley, D., *The Science of Jurassic Park and the Lost World, or How to Build a Dinosaur* (Londres: Harper Collins, 1997).

Dean, D. R., *Gideon Mantell and the Discovery of Dinosaurs* (Cambridge: Cambridge University Press, 1999).

Desmond, A. J., *The Hot-Blooded Dinosaurs: A Revolution in Palaeontology* (Londres: Blond & Briggs, 1975).

Lavers, C., *Why Elephants Have Big Ears* (Londres: Gollancz, 2000).

Mayor, A., *The First Fossil Hunters: Palaeontology in Greek and Roman Times* (Princeton: Princeton University Press, 2001).

McGowan, C., *The Dragon Seekers* (Cambridge, MA: Perseus Publishing, 2001).

Norman, D. B., *Dinosaur!* (Londres: Boxtree, 1991).

Norman, D. B., *Prehistoric Life: The Rise of the Vertebrates* (Londres: Boxtree, 1994).

Norman, D. B.; Wellnhofer, P., *The Illustrated Encyclopedia of Dinosaurs* (Londres: Salamander Books, 2000).

Rudwick, M. J. S., *The Meaning of Fossils: Episodes in the History of Palaeontology* (New York: Science History Books, 1976).

Weishampel, D. B., Dodson, P., *et al.* (eds), *The Dinosauria* (Berkeley and Los Angeles: University of California Press, 2004).

ÍNDICE REMISSIVO

A

Alemanha 40
alimentação 58, 163, 164
Allosaurus 100, 103, 161, 162, 164
Alvarez, Luis e Walter 170-172
América do Norte 112, 123
ambientes desérticos 127
amonoides 169
análise espectroscópica 167
anatomia 29, 31, 33, 36, 41, 52, 69, 76, 80, 83, 90, 93, 100, 110, 134, 135, 140, 141, 147, 155, 161
  sistematização filogenética 80
Andrews, Roy Chapman 46, 56
anfíbios 17
anquilossauros 102
Antártica 123
Archaeopteryx 40, 41, 43, 52, 60, 61, 115, 133-136, 138, 139
Archaeoraptor 157, 158, 160
arenito 13, 23, 156, 157
Argentina 21
argila 38, 64, 68, 95, 157, 163, 170
Ásia 11, 104, 111, 112
Austrália 123, 149
aves 20, 40, 43, 54, 57-59, 61, 62, 80-81, 100, 110, 115, 117-122, 124, 126-127, 130-141, 154-157, 161, 166-167, 169
  células sanguíneas 167
  Extant Phylogenetic Bracket 80, 81
  ressonadores 154, 155
  sacos aéreos 120, 121

B

bacia de Mons, Bélgica 67
Bacon, Francis 106
Bakker, Robert 57-60, 115, 116, 118, 124-126
Barrick, Reese 152
Baryonyx walkeri 95
basaltos de inundação 173
belemnites 146
biologia 26, 31, 33, 36, 44, 48, 51, 53, 60, 76, 77, 93, 114, 130, 135
biologia molecular 48
biomoléculas 165-167
biotecnologia 165
bípede 53, 54
Bird, Roland T. 144
brecha 68, 171
brontossauros 144
Buckland, William 29, 33, 146

C

cálcio 147
carapaças 17, 49, 104, 152
carbonato de cálcio (calcita) 23

Carniano 21, 99
carnívoros 21, 35, 61, 84, 99, 100
Caudipteryx 135
celulose 85, 86
Cerapoda 104
ceratobranquiais 87, 92
ceratopsídeos 122
China
  descobertas na Província de Liaoning 100, 133-139, 157, 160
  dinossauros forjados 160
  mito dos grifos 13
Chin, Karen 146
chuva ácida 172
circuito pulmonar 120
circuito sistêmico 119
cladística 96
CLAE (cromatografia líquida de alta eficiência) 167
cobertura isolante 136, 140
cobras 56, 116, 169
Coelophysis 102
colágeno 167
Compsognathus 41-43, 56, 100, 115, 131, 134
Confuciusornis 134
Conybeare, reverendo William D. 28, 29, 31, 33
Cope, Edward Drinker 46
cordilheira de Jura, França 20
couro (ver também coberturas isolantes) 76-79
cratera de Chicxulub 171, 173
Crick, Francis 48
crocodilos 28
Currie, Philip 160

Cuvier, Georges 28, 29, 33, 36, 55

D

Darwin, Charles 41-43, 47-50
Deinonychus 51-55, 57, 60, 61, 100, 101, 121, 122
desgaste 23, 89
Dickens, Charles 11
dieta 84, 85, 99, 104, 146-148, 151, 162
dinossauros forjados 160
dinoturbação 145
dióxido de enxofre 172
Diplodocus 46
DNA (ácido desoxirribonucleico) 48, 165, 166
Dollo, Louis 38, 39, 43, 44, 46, 51, 56, 63, 64, 70, 71, 77, 86, 87
Doyle, Arthur Conan 141
dragões-de-komodo 118
dromeossaurídeos 121, 133, 135, 160

E

ecologia 26, 44, 48, 58, 145
ectotermos 124
  Histologia óssea 125
  mudanças de temperatura e temperatura corporal 57, 129, 152
Eldredge, Niles 50
elefantes 140
elevação do nível do mar 170
endotermos 124, 139, 147, 152
  dinossauros similares a aves 131

Histologia óssea 125
temperatura corporal 57, 129, 152
energia nuclear 175
"enfeite de lareira" (esqueleto parcial) 31, 32, 37
Eoraptor 21
EPB (extant phylogenetic bracket) 80, 81
Era Mesozoica 17, 20, 24, 36, 51, 92, 93, 104, 105, 109, 110, 112, 116, 117, 124, 130
eras glaciais 20
erosão 23, 24
Estados Unidos 46, 146
Euoplocephalus 102
eventos de extinção 170
evolução 47-49, 93, 98, 107, 109, 110, 113, 117, 138

F

"fendas" (aberturas subterrâneas) 67
fosfatos 152
fósforo 147
fossilização 21, 23, 93, 125, 153, 156

G

garras
ver também Deinonychus 11, 13, 40, 51, 53-55, 100, 122, 131-134, 168
genética 47, 48, 151
geologia 9, 28, 36, 59, 67
geoquímica 151
Giganotosaurus 100
girafas 63

glândulas pituitárias 84
gota 148
Gould, Stephen Jay 11, 50
gradualismo 50
greda 20, 24, 28

H

hadrossauros (dinossauros com bicos de pato) 155
Hawkins, Benjamin Waterhouse 10
Heilmann, Gerhard 61
hemoglobina 167
herança 16, 36, 47, 48
herbívoros 21, 30, 63, 83, 86, 122, 144
Herrerasaurus 21, 22
Hitchcock, Edward 141
Hopson, Jim 123
Horner, Jack 166
Hunn, Craig 112
Huxley, Thomas Henry 40, 43, 44, 61, 115
Hylaeosaurus 33, 95
Hypsilophodon 95, 104

I

Icnologia 141
ictiossauros 169
Iguanodon 11, 12, 26, 27, 30, 31, 33, 34, 37-40, 43-46, 51, 63, 64, 66, 67, 69-84, 86, 87, 89-94, 95, 104, 110-112
anatomia 80
iguanodontes 81, 110, 111
impactos de meteoritos 171-173
Índia 107, 173

infecção 149, 151
insetos 69, 96, 128
inverno nuclear 172
Isótopos 151
isótopos de oxigênio 152

J

Janensch, Werner 46
Ji Qiang e Ji Shu'an 134

K

Kentrosaurus 103

L

lagartos 28, 31, 36, 55-58, 79, 116, 137, 152, 169
Lamarck, Jean Baptiste de 36
Lavalette, Gustave 66, 67
Leidy, Professor Joseph 39, 46
limite K-T (Cretáceo-Terciário) 169, 170, 171, 173
limite Ladiniano-Anisiano 21
Lockley, Martin 142, 144

M

Madagascar 21
mamíferos 20, 35, 57-60, 89, 91, 92, 101, 113-120, 122, 124-130, 136, 140, 152, 163, 167, 169
 marsupiais 113
 temperatura corporal 57
mandíbulas 37, 40, 43, 53, 54, 85-91, 99, 100, 104, 105, 131, 133, 135, 149, 162, 164
Mantell, Gideon Algernon 29-31, 33, 34, 37-39, 44, 75, 86, 95
mapas de elementos finitos 163
mares epicontinentais 128
Marsh, Othniel Charles 46, 50, 56
marsupiais 113
Mayor, Adrienne 11
mecanismo de mastigação 92
Megalosaurus 12, 29, 33, 35, 95, 146
membros 13, 33, 36, 37, 39, 53, 57, 58, 62, 74, 81, 99, 100, 110, 116, 118, 149, 175
Mendel, Gregor 47
Mesosaurus 106
messênios 11
metabolismos 59, 61, 62, 117, 126, 139
micróbios 85
Microraptor 135, 136, 138
Mina de carvão de Bernissart, Bélgica 38, 39, 63-69, 74-77, 87
Mina de Cuckfield, Sussex 27-29
Mina de Maastricht, Holanda 28
mito dos grifos 13
mitologia 11, 13, 14
Mongólia 12-14, 46, 111, 112, 122
Moody, Pliny 141
mudanças climáticas 175

músculos 74, 77, 79-81, 85, 87, 89, 90, 118-120, 129, 132, 140, 163-165
Museu de Peabody, Universidade de Yale 50
Mylodon 38

N

Napoleão I, Imperador 28
neodarwinismo 47, 48
Nódulos de siderita 157
Nopcsa, Barão Franz 76

O

oclusão anisognata 89
oclusão isognata 89
organismos marinhos 152
organismos planctônicos 21, 169, 171
ornitísquios 99, 101, 103, 120, 121
ornitomimídeos 100
ornitópodes 92, 104, 110-112, 154
ossificação interesternal 74, 77
osso(s)
 biomoléculas em 165
 em coprólitos 146
 histologia 58, 125
 mandíbula 41, 81, 86-91, 163, 164
 proporção de isótopos de oxigênio nos 152
 quadril 43, 53, 56, 70, 74, 80, 99, 100, 104, 131-133
 terópodes dromeossaurídeos 100, 131, 140
ossos pré-dentários 86, 87, 90
ostras 21

Ostrom, John 50, 51, 55, 57, 60, 61, 63, 121, 131
ovos 35, 56, 76, 114
Owen, Richard 9-11, 31, 33, 35-40, 43, 44, 55, 57, 61, 99, 114, 115, 120, 156
 "invenção" dos dinossauros 31

P

paleobiologia 44, 49, 50, 51, 55, 59, 63, 115, 153, 157, 168, 174, 175
paleontologia 15, 26, 44, 46, 48-50
Paley, reverendo William 37
Pangeia 107, 108, 110, 127, 128
paquicefalossauros 104
Parasaurolophus tubicen 155
Parque dos dinossauros (filme) 15, 165, 166
Patologias 147
pegadas 74, 81, 141-146 , (ver icnologia)
peixes 17, 69, 96, 146, 169
Pelorosaurus 95
penas 40, 41, 52, 59, 60, 100, 133-138, 168
Período Cretáceo 108, 117, 173
 Cerapoda 104
 cristas hadrossaurídeas 154
 dinossauros similares a aves 131
 equilíbrio ecológico no 116
 evolução dos ornitópodes 110
 limite K-T 169-171, 173

Período Jurássico 108, 111
Período Permiano 106
Período Terciário 58
Período Triássico 108
petrificação 83
piritas de ferro 39
Pisanosaurus 21
placas tectônicas 107
plantas 20, 39, 85-88, 123, 170, 171
Plateosaurus 102
plesiossauros 169
pleurocelos 120
pleurocinese 91, 92
poeira cósmica 170
Polacanthus 95
predadores 58, 64, 80, 101, 102, 124, 125, 146
preguiças gigantes 37, 63
preservação de tecidos moles 156
prossaurópodes 107
Protoarchaeopteryx 135
Protoceratops 13, 14, 105, 122
pterossauros 169

Q

quadrúpedes 101, 119
Quaternário (recente) 17

R

Raios X 149, 151, 153
Rayfield, Emily 161-163
RCP (reação em cadeia da polimerase) 165
regiões polares 123, 124, 128
registros fósseis 20, 21, 23, 36, 48-50, 58, 59, 93, 95, 112, 116-118, 124, 145, 170, 172, 175
répteis 9, 17, 28, 33, 35-37, 39, 40, 55-57, 59, 60, 76, 88, 89, 99, 106, 114-117, 120, 122, 124-127, 140, 146, 148, 169
  marinhos 146
  oclusão isognata 89
resfriamento global 59, 127
ressonância de spin eletrônico 167
ressonância magnética 153, 167
ressonância magnética nuclear 167
revista National Geographic 157
rigor mortis 77
rituais de acasalamento 138, 155
Rothschild, Bruce 151
Rowe, Tim 154, 160, 161

S

saurísquios 99, 102, 120, 121, 129
sauropodomorfos 99, 120, 121, 145
Schweitzer, Mary 166, 167
sedimentos 21, 23, 24, 68, 69, 77, 139, 144, 147, 149, 155, 157, 170, 171, 173
  dinoturbação 145
  limite K-T 170
seleção natural 42, 47, 50, 164
senescência racial 47
Sereno, Paul 98

seres humanos 13, 16, 87, 89, 118, 127, 148, 175
Showers, William 152
sílica 23
Sinornithosaurus 135
Sinosauropteryx 134-136
sistema circulatório 120
sistema nervoso 89, 119
sistema respiratório 121
sistematização filogenética 80
Smith, John Maynard 50
Smith, William 27-29, 95
Spinosaurus 100
Staurikosaurus 21
Stegosaurus 46, 56, 101, 103, 123
subpegadas 145

T

Tanzânia 46
tartarugas 87
TC (tomografia computadorizada) 153-156, 160, 161
tecidos moles 21, 44, 74, 76, 77, 83, 134, 156, 157
teoria do equilíbrio pontuado 50
teoria dos ressonadores 155
terizinossauros 100
terópodes 51, 52, 61, 62, 99, 100, 104, 107, 120, 121, 123, 131-137, 139, 140, 157

Thyreophora 101, 103
titanossaurídeos 99
Transilvânia, Romênia 76, 111
Triceratops 46, 105
tumores 151
Tyrannosaurus rex 136, 147

U

Upchurch, Paul 112

V

Valdosaurus 95
vapor de água 171, 172
vascularização 126
vegetação 44, 86, 87, 92, 123, 151
Velociraptor 100, 122, 135
visão 16, 36, 49, 54-56, 59, 82, 84, 95, 123, 126, 139
voo 133, 136-138

W

Walker, William 95
Watson, James 48
Weald 29, 31, 33
Wegener, Alfred 106

X

xisto 38, 64, 66-68, 83
Xu Xing 160

Z

Zalmoxes 111

Lista de ilustrações

1 Professor Richard Owen
   The Wellcome Library, Londres

2 Dinossauros do Palácio de Cristal, desenho e foto
   Foto © David Norman

3 Comparação entre grifo e *Protoceratops*
   De Adrienne Mayor, *The First Fossil Hunters*
   (Princeton University Press, 2000).
   Desenhos de Ed Heck

4 Escala do tempo geológico
   De David Norman, *Dinosaur!* (Boxtree, 1991)

5 *Herrerasaurus*
   © John Sibbick6

6 Primeiro osso de *Iguanodon* encontrado
   © Museu de história natural, Londres

7 Dente de *Iguanodon*
   © Museu de história natural, Londres

8 Esqueleto do "enfeite de lareira"
   © David Norman

9 Reconstrução de *Iguanodon* esboçada por Mantell
   © Museu de história natural, Londres

10 Reconstrução de *Megalosaurus* esboçada por Owen
   © Museu de história natural, Londres

11 Louis Dollo
   Instituto Real Belga de Ciências Naturais, Bruxelas

12 Desenho do esqueleto de um *Iguanodon*
© David Norman

13 Espécime de *Archaeopteryx*
Museu de História Natural, Berlim.
© Louie Psihoyos/Corbis

14 Esqueleto de *Compsognathus*
© Museu de História Natural, Londres

15 *Iguanodon* sendo reconstruído
Instituto Real Belga de Ciências Naturais, Bruxelas

16 Esqueletos de *Deinonychus* e *Archaeopteryx*
© Gregory S. Paul

17 Clavículas de dinossauros terópodes,
Archaeopteryx e aves modernas
© Ed Heck

18 Secção geológica da mina de Bernissart
Redesenhado de E. Casier

19 Diagrama de um esqueleto
de *Iguanodon* escavado em Bernissart
Instituto Real Belga de Ciências Naturais, Bruxelas

20 Esqueleto de *Iguanodon* desenhado por Lavalette
Instituto Real Belga de Ciências Naturais, Bruxelas

21 Mãos de *Iguanodon*
© John Sibbick

22 Nova reconstrução de *Iguanodon*
© John Sibbick

23 Marca deixada pelo couro de um *Iguanodon*
© David Norman

24 Reconstrução da musculatura de um dinossauro
© John Sibbick

25 Molde natural da cavidade cerebral de um *Iguanodon*
© David Norman

26 Crânio de *Iguanodon*
© David Norman

27 Dentes e mandíbula de *Iguanodon*
© David Nicholls

28 Cladograma dos dinossauros

29 *Deinonychus*
© John Sibbick

30 Saurísquios triássicos
De David Norman, *Dinosaur!* (Boxtree, 1991)

31 Dinossauros jurássicos
De David Norman, *Dinosaur!* (Boxtree, 1991)

32 Os continentes em transformação
De David Norman, *Dinosaur!* (Boxtree, 1991)

33 Pulmões e sacos aéreos de aves
© David Norman

34 Desenho de um *Archaeopteryx*
© John Sibbick

35 Pegadas de dinossauros
De David Norman *Dinosaur!* (Boxtree, 1991)

36 Tíbias infeccionadas de dinossauro
Cortesia do Museu de Victoria, Melbourne

37 O falso *"Archaeoraptor"*
   Cortesia de Timothy Rowe

38 Modelo 3D de elementos finitos do crânio de um *Allosaurus*
   Cortesia de Emily Rayfield

A editora e o autor pedem desculpas pelos possíveis erros ou omissões cometidos nessa lista. As devidas retificações serão feitas o quanto antes, assim que formos notificados.

Sobre o autor

DAVID NORMAN é diretor do Museu Sedgwick de Geociências, professor de paleobiologia de vertebrados e orientador de pesquisas nas áreas de paleobiologia, anatomia e evolução. É autor de diversos livros premiados, incluindo *Encyclopedia of Dinosaurs* (Salamander/Crescent Books, 1985) e *Dinosaur!* (Boxtree, 1992).

Coleção L&PM POCKET (Lançamentos mais recentes)

1033. **Mrs. Dalloway** – Virginia Woolf
1034. **O cão da morte** – Agatha Christie
1035. **Tragédia em três atos** – Agatha Christie
1037. **O fantasma da Ópera** – Gaston Leroux
1038. **Evolução** – Brian e Deborah Charlesworth
1039. **Medida por medida** – Shakespeare
1040. **Razão e sentimento** – Jane Austen
1041. **A obra-prima ignorada** *seguido de* **Um episódio durante o Terror** – Balzac
1042. **A fugitiva** – Anaïs Nin
1043. **As grandes histórias da mitologia greco-romana** – A. S. Franchini
1044. **O corno de si mesmo & outras historietas** – Marquês de Sade
1045. **Da felicidade** *seguido de* **Da vida retirada** – Sêneca
1046. **O horror em Red Hook e outras histórias** – H. P. Lovecraft
1047. **Noite em claro** – Martha Medeiros
1048. **Poemas clássicos chineses** – Li Bai, Du Fu e Wang Wei
1049. **A terceira moça** – Agatha Christie
1050. **Um destino ignorado** – Agatha Christie
1051. (26). **Buda** – Sophie Royer
1052. **Guerra Fria** – Robert J. McMahon
1053. **Simons's Cat: as aventuras de um gato travesso e comilão – vol. 1** – Simon Tofield
1054. **Simons's Cat: as aventuras de um gato travesso e comilão – vol. 2** – Simon Tofield
1055. **Só as mulheres e as baratas sobreviverão** – Claudia Tajes
1057. **Pré-história** – Chris Gosden
1058. **Pintou sujeira!** – Mauricio de Sousa
1059. **Contos de Mamãe Gansa** – Charles Perrault
1060. **A interpretação dos sonhos: vol. 1** – Freud
1061. **A interpretação dos sonhos: vol. 2** – Freud
1062. **Frufru Rataplã Dolores** – Dalton Trevisan
1063. **As melhores histórias da mitologia egípcia** – Carmem Seganfredo e A.S. Franchini
1064. **Infância. Adolescência. Juventude** – Tolstói
1065. **As consolações da filosofia** – Alain de Botton
1066. **Diários de Jack Kerouac – 1947-1954**
1067. **Revolução Francesa – vol. 1** – Max Gallo
1068. **Revolução Francesa – vol. 2** – Max Gallo
1069. **O detetive Parker Pyne** – Agatha Christie
1070. **Memórias do esquecimento** – Flávio Tavares
1071. **Drogas** – Leslie Iversen
1072. **Manual de ecologia (vol.2)** – J. Lutzenberger
1073. **Como andar no labirinto** – Affonso Romano de Sant'Anna
1074. **A orquídea e o serial killer** – Juremir Machado da Silva
1075. **Amor nos tempos de fúria** – Lawrence Ferlinghetti
1076. **A aventura do pudim de Natal** – Agatha Christie
1078. **Amores que matam** – Patricia Faur
1079. **Histórias de pescador** – Mauricio de Sousa
1080. **Pedaços de um caderno manchado de vinho** – Bukowski
1081. **A ferro e fogo: tempo de solidão (vol.1)** – Josué Guimarães
1082. **A ferro e fogo: tempo de guerra (vol.2)** – Josué Guimarães
1084. (17). **Desembarcando o Alzheimer** – Dr. Fernando Lucchese e Dra. Ana Hartmann
1085. **A maldição do espelho** – Agatha Christie
1086. **Uma breve história da filosofia** – Nigel Warburton
1088. **Heróis da História** – Will Durant
1089. **Concerto campestre** – L. A. de Assis Brasil
1090. **Morte nas nuvens** – Agatha Christie
1092. **Aventura em Bagdá** – Agatha Christie
1093. **O cavalo amarelo** – Agatha Christie
1094. **O método de interpretação dos sonhos** – Freud
1095. **Sonetos de amor e desamor** – Vários
1096. **120 tirinhas do Dilbert** – Scott Adams
1097. **200 fábulas de Esopo**
1098. **O curioso caso de Benjamin Button** – F. Scott Fitzgerald
1099. **Piadas para sempre: uma antologia para morrer de rir** – Visconde da Casa Verde
1100. **Hamlet (Mangá)** – Shakespeare
1101. **A arte da guerra (Mangá)** – Sun Tzu
1104. **As melhores histórias da Bíblia (vol.1)** – A. S. Franchini e Carmen Seganfredo
1105. **As melhores histórias da Bíblia (vol.2)** – A. S. Franchini e Carmen Seganfredo
1106. **Psicologia das massas e análise do eu** – Freud
1107. **Guerra Civil Espanhola** – Helen Graham
1108. **A autoestrada do sul e outras histórias** – Julio Cortázar
1109. **O mistério dos sete relógios** – Agatha Christie
1110. **Peanuts: Ninguém gosta de mim... (amor)** – Charles Schulz
1111. **Cadê o bolo?** – Mauricio de Sousa
1112. **O filósofo ignorante** – Voltaire
1113. **Totem e tabu** – Freud
1114. **Filosofia pré-socrática** – Catherine Osborne
1115. **Desejo de status** – Alain de Botton
1118. **Passageiro para Frankfurt** – Agatha Christie
1120. **Kill All Enemies** – Melvin Burgess
1121. **A morte da sra. McGinty** – Agatha Christie
1122. **Revolução Russa** – S. A. Smith
1123. **Até você, Capitu?** – Dalton Trevisan
1124. **O grande Gatsby (Mangá)** – F. S. Fitzgerald
1125. **Assim falou Zaratustra (Mangá)** – Nietzsche
1126. **Peanuts: É para isso que servem os amigos (amizade)** – Charles Schulz
1127. (27). **Nietzsche** – Dorian Astor
1128. **Bidu: Hora do banho** – Mauricio de Sousa
1129. **O melhor do Macanudo Taurino** – Santiago
1130. **Radicci 30 anos** – Iotti

1131. **Show de sabores** – J.A. Pinheiro Machado
1132. **O prazer das palavras** – vol. 3 – Cláudio Moreno
1133. **Morte na praia** – Agatha Christie
1134. **O fardo** – Agatha Christie
1135. **Manifesto do Partido Comunista (Mangá)** – Marx & Engels
1136. **A metamorfose (Mangá)** – Franz Kafka
1137. **Por que você não se casou... ainda** – Tracy McMillan
1138. **Textos autobiográficos** – Bukowski
1139. **A importância de ser prudente** – Oscar Wilde
1140. **Sobre a vontade na natureza** – Arthur Schopenhauer
1141. **Dilbert (8)** – Scott Adams
1142. **Entre dois amores** – Agatha Christie
1143. **Cipreste triste** – Agatha Christie
1144. **Alguém viu uma assombração?** – Mauricio de Sousa
1145. **Mandela** – Elleke Boehmer
1146. **Retrato do artista quando jovem** – James Joyce
1147. **Zadig ou o destino** – Voltaire
1148. **O contrato social (Mangá)** – J.-J. Rousseau
1149. **Garfield fenomenal** – Jim Davis
1150. **A queda da América** – Allen Ginsberg
1151. **Música na noite & outros ensaios** – Aldous Huxley
1152. **Poesias inéditas & Poemas dramáticos** – Fernando Pessoa
1153. **Peanuts: Felicidade é...** – Charles M. Schulz
1154. **Mate-me por favor** – Legs McNeil e Gillian McCain
1155. **Assassinato no Expresso Oriente** – Agatha Christie
1156. **Um punhado de centeio** – Agatha Christie
1157. **A interpretação dos sonhos (Mangá)** – Freud
1158. **Peanuts: Você não entende o sentido da vida** – Charles M. Schulz
1159. **A dinastia Rothschild** – Herbert R. Lottman
1160. **A Mansão Hollow** – Agatha Christie
1161. **Nas montanhas da loucura** – H.P. Lovecraft
1162. (28).**Napoleão Bonaparte** – Pascale Fautrier
1163. **Um corpo na biblioteca** – Agatha Christie
1164. **Inovação** – Mark Dodgson e David Gann
1165. **O que toda mulher deve saber sobre os homens: a afetividade masculina** – Walter Riso
1166. **O amor está no ar** – Mauricio de Sousa
1167. **Testemunha de acusação & outras histórias** – Agatha Christie
1168. **Etiqueta de bolso** – Celia Ribeiro
1169. **Poesia reunida (volume 3)** – Affonso Romano de Sant'Anna
1170. **Emma** – Jane Austen
1171. **Que seja em segredo** – Ana Miranda
1172. **Garfield sem apetite** – Jim Davis
1173. **Garfield: Foi mal...** – Jim Davis
1174. **Os irmãos Karamázov (Mangá)** – Dostoiévski
1175. **O Pequeno Príncipe** – Antoine de Saint-Exupéry
1176. **Peanuts: Ninguém mais tem o espírito aventureiro** – Charles M. Schulz
1177. **Assim falou Zaratustra** – Nietzsche
1178. **Morte no Nilo** – Agatha Christie
1179. **Ê, soneca boa** – Mauricio de Sousa
1180. **Garfield a todo o vapor** – Jim Davis
1181. **Em busca do tempo perdido (Mangá)** – Proust
1182. **Cai o pano: o último caso de Poirot** – Agatha Christie
1183. **Livro para colorir e relaxar** – Livro 1
1184. **Para colorir sem parar**
1185. **Os elefantes não esquecem** – Agatha Christie
1186. **Teoria da relatividade** – Albert Einstein
1187. **Compêndio da psicanálise** – Freud
1188. **Visões de Gerard** – Jack Kerouac
1189. **Fim de verão** – Mohiro Kitoh
1190. **Procurando diversão** – Mauricio de Sousa
1191. **E não sobrou nenhum e outras peças** – Agatha Christie
1192. **Ansiedade** – Daniel Freeman & Jason Freeman
1193. **Garfield: pausa para o almoço** – Jim Davis
1194. **Contos do dia e da noite** – Guy de Maupassant
1195. **O melhor de Hagar 7** – Dik Browne
1196. (29).**Lou Andreas-Salomé** – Dorian Astor
1197. (30).**Pasolini** – René de Ceccatty
1198. **O caso do Hotel Bertram** – Agatha Christie
1199. **Crônicas de motel** – Sam Shepard
1200. **Pequena filosofia da paz interior** – Catherine Rambert
1201. **Os sertões** – Euclides da Cunha
1202. **Treze à mesa** – Agatha Christie
1203. **Bíblia** – John Riches
1204. **Anjos** – David Albert Jones
1205. **As tirinhas do Guri de Uruguaiana 1** – Jair Kobe
1206. **Entre aspas (vol.1)** – Fernando Eichenberg
1207. **Escrita** – Andrew Robinson
1208. **O spleen de Paris: pequenos poemas em prosa** – Charles Baudelaire
1209. **Satíricon** – Petrônio
1210. **O avarento** – Molière
1211. **Queimando na água, afogando-se na chama** – Bukowski
1212. **Miscelânea septuagenária: contos e poemas** – Bukowski
1213. **Que filosofar é aprender a morrer e outros ensaios** – Montaigne
1214. **Da amizade e outros ensaios** – Montaigne
1215. **O medo à espreita e outras histórias** – H.P. Lovecraft
1216. **A obra de arte na era de sua reprodutibilidade técnica** – Walter Benjamin
1217. **Sobre a liberdade** – John Stuart Mill
1218. **O segredo de Chimneys** – Agatha Christie
1219. **Morte na rua Hickory** – Agatha Christie
1220. **Ulisses (Mangá)** – James Joyce
1221. **Ateísmo** – Julian Baggini
1222. **Os melhores contos de Katherine Mansfield** – Katherine Mansfied
1223. (31).**Martin Luther King** – Alain Foix

IMPRESSÃO:

PALLOTTI
GRÁFICA

Santa Maria - RS | Fone: (55) 3220.4500
www.graficapallotti.com.br

lepmeditores

www.lpm.com.br
o site que conta tudo

1224. Milôr Definitivo: uma antologia de A Bíblia do Caos – Milôr Fernandes
1225. O Clube das Terças-Feiras e outras histórias – Agatha Christie
1226. Por que sou tão sábio – Nietzsche
1227. Sobre a mentira – Platão
1228. Sobre a leitura seguido do Depoimento de Celeste Gibaret – Proust
1229. O homem do terno marrom – Agatha Christie
1230.(32). Jimi Hendrix – Franck Médioni
1231. Amor e amizade e outras histórias – Jane Austen
1232. Lady Susan, Os Watson e Sanditon – Jane Austen
1233. Uma breve história da ciência – William Bynum
1234. Macunaíma: o herói sem nenhum caráter – Mário de Andrade
1235. A máquina do tempo – H.G. Wells
1236. O homem invisível – H.G. Wells
1237. Os 36 estratagemas: manual secreto da arte da guerra – Anônimo
1238. A mina de ouro e outras histórias – Agatha Christie
1239. Pic – Jack Kerouac
1240. O habitante da escuridão e outros contos – H.P. Lovecraft
1241. O chamado de Cthulhu e outros contos – H.P. Lovecraft
1242. O melhor de Meu reino por um cavalo! – Edição de Ivan Pinheiro Machado
1243. A guerra dos mundos – H.G. Wells
1244. O caso da criada perfeita e outras histórias – Agatha Christie
1245. Morte por afogamento e outras histórias – Agatha Christie
1246. Assassinato no Comitê Central – Manuel Vázquez Montalbán
1247. O papai é pop – Marcos Piangers
1248. O papai é pop 2 – Marcos Piangers
1249. A mamãe é rock – Ana Cardoso
1250. Paris boêmia – Dan Franck
1251. Paris libertária – Dan Franck
1252. Paris ocupada – Dan Franck
1253. Uma anedota infame – Dostoiévski
1254. O último dia de um condenado – Victor Hugo
1255. Nem só de caviar vive o homem – J.M. Simmel
1256. Amanhã e outro dia – J.M. Simmel
1257. Mulherzinhas – Louisa May Alcott
1258. Reforma Protestante – Peter Marshall
1259. História econômica global – Robert C. Allen
1260.(33). Che Guevara – Alain Foix
1261. Câncer – Nicholas James
1262. Akhenaton – Agatha Christie
1263. Aforismos para a sabedoria de vida – Arthur Schopenhauer
1264. Uma história do mundo – David Coimbra
1265. Ame e não sofra – Walter Riso
1266. Desapegue-se! – Walter Riso
1267. Os Sousa: Uma família do barulho – Maurício de Sousa
1268. Nico Demo: O rei da travessura – Maurício de Sousa
1269. Testemunha de acusação e outras peças – Agatha Christie
1270.(34). Dostoiévski – Virgil Tanase
1271. O melhor de Hagar 8 – Dik Browne
1272. O melhor de Hagar 9 – Dik Browne
1273. O melhor de Hagar 10 – Dik / Chris Browne
1274. Considerações sobre o governo representativo – John Stuart Mill
1275. O homem Moisés e a religião monoteísta – Freud
1276. Libidão, sintomas e medo – Freud
1277. Além do princípio de prazer – Freud
1278. O direito de dizer não! – Walter Riso
1279. A arte de ser feliz/fiel – Walter Riso
1280. Casados e descasados – August Strindberg
1281. Da Terra à Lua – Júlio Verne
1282. Minhas galerias e meus pintores – Kahnweiler
1283. A arte do romance – Virginia Woolf
1284. Teatro completo v. 1: As aves da noite seguido de O visitante – Hilda Hilst
1285. Teatro completo v. 2: O verdugo seguido de A morte da patriarca – Hilda Hilst
1286. Teatro completo v. 3: O rato no muro seguido de Auto da barca de Camiri – Hilda Hilst
1287. Teatro completo v. 4: A empresa seguido de O novo sistema – Hilda Hilst
1288. Sapiens. Uma breve história da humanidade – Yuval Noah Harari
1289. Fora de mim – Martha Medeiros
1290. Divã – Martha Medeiros
1291. Sobre a genealogia da moral: um escrito polêmico – Nietzsche
1292. A consciência de Zeno – Italo Svevo
1293. Células-tronco – Jonathan Slack
1294. O fim do ciúme e outros contos – Proust
1295. A jangada – Júlio Verne
1296. A ilha do dr. Moreau – H.G. Wells
1297. Ninho de fidalgos – Ivan Turguêniev
1298. Jane Eyre – Charlotte Brontë
1299. Sobre gatos – Bukowski
1300. Sobre o amor – Bukowski
1301. Escrever para não enlouquecer – Bukowski
1302. 222 receitas – J. A. Pinheiro Machado
1303. Reinações de Narizinho – Monteiro Lobato
1304. O Saci – Monteiro Lobato
1305. Memórias da Emília – Monteiro Lobato
1306. O Picapau Amarelo – Monteiro Lobato
1307. A reforma da Natureza – Monteiro Lobato
1308. Fábulas seguido de Histórias diversas – Monteiro Lobato
1309. Aventuras de Hans Staden – Monteiro Lobato
1310. Peter Pan – Monteiro Lobato
1311. Dom Quixote das crianças – Monteiro Lobato
1312. O Minotauro – Monteiro Lobato
1313. Um quarto só seu – Virginia Woolf
1314. Sonetos – Shakespeare